LUCIANO SOARES MAIA

(Organizador)

HISTÓRIA CRÍTICA DO DIREITO

VOLUME 1

© Copyright 2020, Luciano Soares Maia.

1ª edição

1ª impressão

(publicado em 25 de nov. de 2020)

Todos os direitos reservados, protegidos pela Lei 9.610/98. Nenhuma parte desta edição pode ser utilizada ou reproduzida, em qualquer meio ou forma, nem apropriada e estocada sem a expressa autorização do autor.

Dados Internacionais de Catalogação na Publicação (CIP)

Maia, Luciano Soares

História crítica do direito: volume 1 / Luciano Soares Maia - La Vergne, TN: KDP Amazon, 2020. 14x20 cm. 113 p.

ISBN **9798569462056**

1. Direito : História   34 (091)
2. História do Direito   34 (091)

CDD - 340

É junto dos bão que a gente fica mió.

João Guimarães Rosa

APRESENTAÇÃO

O presente livro é resultado de nosso trabalho como professor de Direito da Universidade Estadual de Montes Claros – UNIMONTES, no tempo em que tivermos o privilégio e a oportunidade de lecionamos a disciplina História do Direito para os acadêmicos ingressantes no referido curso.

Trata-se, na verdade, de uma coletânea de artigos e ensaios estimulados e produzidos sob nossa orientação, com temática voltada para a revisão de eventos sociais que culminaram em julgamentos com relevância histórica e que se confundem com a própria história do Direito.

A escolha dos trabalhos acadêmicos aptos à publicação, no entanto, acabou se tornando uma das tarefas mais difíceis para este professor, tendo em vista que a excelência é característica presente em todos aqueles nos foram apresentados para orientação e avaliação. Assim, o critério adotado foi a diversidade dentro da linha proposta, de modo a ampliar as possiblidades de novas publicações.

Cabe informar, também, que os autores de cada capítulo tiveram ampla liberdade em expressar suas ideias, sendo inteiramente responsáveis por elas, e são de fato os verdadeiros proprietários intelectuais desta obra, custeada integralmente com recursos próprios.

Professor Luciano Soares Maia,
idealizador e organizador da obra, Professor do curso de Direito da Universidade Estadual de Montes Claros – UNIMONTES, Mestre em Direito pelo Centro Universitário Fluminense-UNIFLU

SUMÁRIO

Tiradentes e a Inconfidência Mineira, uma história entre dois mundos: historiografia e análise da delação Premiada   05
Ester Ferreira Santos
Jumara Batista Rodrigues

O racismo e a mídia como fatores metajurídicos no Caso O.J. Simpson   25
Maria Júlia Soares Canela
Maria Paula Fagundes e Silva
Celson Victor Cavalcante dos Reis

O Tribunal de Nuremberg e o papel exercido pelos advogados de defesa   44
Joelha Luiza Barros Brant
Lívia Santos e Amorim
Samira Rodrigues dos Reis

Olga Benário: uma abordagem jurídico-pragmática sobre a história da militante comunista   66
Camila Maria Alves Tolentino Gomes
Tabita Iza Marques Morais

Análise acerca da (in)constitucionalidade do sacrifício de animais em rituais religiosos de matriz africana no Brasil e a intolerância religiosa   87
Ana Maria Oliveira Santos
Isadora Tolentino Ramos
Laura Maria Miranda Barros

Revolução Francesa: liberdade, igualdade e fraternidade – realidade ou falácia?   99
Ana Maria Faria Franco Ribeiro
Nadja de Vasconcelos Pereira

Tiradentes e a Inconfidência Mineira, uma história entre dois mundos: historiografia e análise da delação premiada

Ester Ferreira Santos
Jumara Batista Rodrigues

O presente capítulo procura investigar bibliograficamente o instituto da Delação Premiada (Colaboração Premiada) no âmbito judicial brasileiro. Para tal objetivo, analisará o objeto através de uma retomada histórica desse instituto, avaliando suas origens nas primeiras legislações que vigoraram no Brasil, impostas unilateralmente pela sua metrópole, Portugal, e sem devida adaptação. Mais especificamente, abordará o episódio conhecido como Inconfidência Mineira e o julgamento dos indivíduos que a elaboraram, suas etapas e a legalidade das ações tomadas pelas autoridades competentes. É necessário, primeiramente, explorar a legislação colonial e a legislação especial da região das Minas Gerais a fim examinar o processo de julgamento dos membros envolvidos nesse movimento e do seu principal ícone, Joaquim José da Silva Xavier, o famoso Tiradentes.

Ao final, será estabelecida uma comparação da Delação Premiada na época atual com o ordenamento jurídico colonial, estabelecendo um paralelo com o processo condenatório do principal símbolo da Conjuração Mineira e o legado desse fato histórico, sua importância e as interpretações parciais e incompletas, as quais apresentam uma visão mitificada e de senso comum sobre um movimento mais complexo do que a visão geral e compartilhada de um processo que, apesar de aparentar ser injusto, foi realizado dentro das leis vigentes na época.

Ocupação e administração da colônia

O Brasil esteve em condição de colônia de Portugal durante o período compreendido entre 1500 até 1822. Ao longo desse intervalo de tempo, os colonizadores impuseram a sua própria cultura, costumes e religião sobre os habitantes do território a fim de consolidar a posse das terras em nome da metrópole. (SILVA, DORIGO, MIRANDA, 2016 p.13-14).

Quando desembarcaram no atual território nacional, os lusitanos encontraram comunidades que não possuíam o conceito de propriedade privada e que procuravam apenas gerar produtos para o consumo, não apresentavam regras escritas e não era possível identificar uma autoridade absoluta acima dos demais, ao contrário de como ocorria no modelo europeu. Devido a isso, os portugueses consideravam-se superiores às populações autóctones. Como exemplo, o explorador e naturalista, Gabriel Soares de Sousa, escreveu no *Tratado descritivo do Brasil* em 1587:

> [Os tupinambás] têm muita graça quando falam [...]; mas faltam-lhe três letras das do ABC, que são F, L, R grande ou dobrado, coisa muito para se notar; porque, se não têm F, é porque não têm fé em nenhuma outra coisa que adoram; nem os nascidos entre os cristãos e doutrinados pelos padres da Companhia têm fé em Deus Nosso Senhor, nem têm verdade, nem lealdade a nenhuma pessoa que lhes faça bem. E se não têm L na sua pronunciação, é porque não têm lei alguma que guardar, nem preceitos para se governarem; e cada um faz lei a seu modo, e ao som da sua vontade; sem haver entre eles leis com que se governem, nem têm leis uns com os outros. E se não têm esta letra R na sua pronunciação, é porque não têm rei que os reja, e a quem obedeçam, nem obedecem a ninguém, nem ao pai o filho, nem o filho ao pai, e cada um vive ao som da sua vontade [...].

Sob o controle de sua Metrópole, o Brasil vivenciou várias fases em sua condição de colônia de exploração. A colonização efetiva iniciou-se com a expedição exploradora de Martim Afonso de Souza e, desde esse fato histórico, Portugal procurou ampliar o seu domínio através da região que era de sua posse, oficializada por meio do Tratado de Tordesilhas (de 1494) realizado com a Espanha, o qual definia que as terras a leste do meridiano traçado a 370 léguas a oeste das Ilhas de Cabo Verde eram do reino português.

Durante os séculos, foram utilizadas diversas estratégias para administrar a Colônia. Uma das primeiras foram as Capitanias Hereditárias, somente extintas definitivamente em 28 de fevereiro de 1821. Esse sistema determinava a doação de partes da terra a donatários mediante as Cartas de Doação, documento que estabelecia os direitos e deveres daqueles que as recebiam, contando, principalmente, a responsabilidade de investir na colonização e o privilégio de exercer a justiça no território. Ademais, foi utilizado o modelo português de Município, que dispunha do poder local nas vilas por intermédio das Câmaras Municipais, representantes dos interesses da elite local. (SILVA, DORIGO, MIRANDA, 2016, p.41).

Com o fracasso do sistema de Capitanias, foi criado o Governo-Geral (1548). O objetivo dessa estrutura era centralizar a administração, cuidar da defesa do território, estimular a exploração da cana-de-açúcar e do pau-brasil, controlar o comércio, a justiça e a cobrança de impostos (SILVA, DORIGO, MIRANDA, 2016). Cabe ressaltar que os Governadores estavam sob o controle direto do poder metropolitano, mas a extensão da Colônia e as dificuldades de comunicação levaram o real poder a continuar a ser administrado pelas Câmaras Municipais.

As Minas Gerais

O ouro foi encontrado na região das Minas durante o século XVIII através das bandeiras de "caça ao ouro", empreendidas pelos colonos moradores da capitania de São Vicente (que vivia uma crise marcada pela pobreza, isolamento e baixa circulação de mercadorias). Já no início da ocupação desse local ocorreram confrontos, o primeiro deles denominado "Guerra dos Emboabas" entre os bandeirantes paulistas e migrantes de outras partes da Colônia e de Portugal pelo controle das jazidas do metal precioso (SILVA, DORIGO, MIRANDA, 2016, p.56).

Nesse sentido, a capitania de Minas Gerais atraiu um grande número de pessoas motivadas por uma vontade de enriquecimento rápido. Logo, foram instaladas no decorrer do século diversas vilas muito próximas e de maneira desordenada e, consequentemente a Metrópole articulou meios para exercer o controle e participar dos lucros da atividade mineradora. A população, então, entrou em embate com as autoridades consecutivas vezes pela questão fiscal e tributária, considerada por aqueles como abusiva. A Revolta de Vila Rica tem destaque nessa característica. Contrária a criação das Casas de Fundição e a alta taxação de Portugal, esse movimento, liderado por Filipe dos Santos, ocorreu em 1720 na Vila Rica de Nossa Senhora do Pilar do Ouro Preto (atual Ouro Preto) e gerou forte reação da Coroa portuguesa, contando, inclusive, com a execução do líder da sedição. (SILVA, DORIGO, MIRANDA, 2016, p.67).

A Inconfidência Mineira

A Conjuração Mineira foi uma revolta, que não chegou a ser posta em prática de fato, ligada aos movimentos anteriores contra as cobranças exacerbadas da Metrópole, contudo, diferentemente de suas antecessoras trazia um ideal separatista em relação a Portugal. As inspirações desse evento residem nas ideias iluministas que corriam pela continente europeu durante o século XVIII, principalmente na recente emancipação das Treze Colônias e na Constituição Provisória dessa. (FURTADO, 2002, p.27).

    Assim, diversos membros da elite da capitania de Minas Gerais entraram em contato do o ideário do Iluminismo e buscaram aplicar certas partes dele, pois, com a excessiva taxação e com a crise na mineração, tais indivíduos encontravam-se endividados com a Coroa portuguesa. Isto posto, no dia da cobrança da Derrama (conjunto dos impostos atrasados), os conjurados planejavam revelar o plano ao público. Instituiriam uma república escravista segundo os moldes norte-americanos da qual faria parte apenas Minas Gerais, declarando São João del Rey como sua capital, além da criação de uma Universidade em Vila Rica, uma fábrica de pólvora, com o propósito de produzirem armamento contra Portugal, e uma nova bandeira.

    Essa sedição contava com não apenas membros da elite, como também padres e militares. Merecem destaque especial o poeta, autor de obras como, a título de exemplo, Cartas Chilenas e Marília de Dirceu e Ouvidor Geral da cidade de Vila Rica, Tomás Antônio Gonzaga, e o poeta e advogado, Cláudio Manuel da Costa e outros tantos membros de relevância e status da sociedade mineira, sobretudo, o mais famoso deles, Tiradentes. Batizado com o nome de Joaquim José da Silva Xavier, este foi um militar, mais especificamente, ocupava o cargo de alferes, que já havia exercido as funções de "dentista", ofício ensinado por seu tio, e tropeiro. Ele, por conhecer bem o território das Minas, tornou-se propagandista do movimento e participou ativamente de sua preparação, a qual ocorreu entre 1788 e 1789. (FURTADO, 2002, p.15).

Apesar dos esforços empreendidos, a Inconfidência foi descoberta e desmantelada pelas autoridades portuguesas antes de ser efetivada. Delatados por um dos integrantes, Joaquim Silvério dos Reis, o qual teve sua dívida perdoada, os inconfidentes foram presos e submetidos a um processo judicial por traição e infidelidade a rainha (crime de Lesa-Majestade), que durou três anos. Em sua conclusão, exceto Tiradentes, sujeitado à execução na forca e a ter seu corpo esquartejado e seus pedaços espalhados pela Estrada Real, os envolvidos foram condenados ao degredo. (FURTADO, 2002, p.15) Todavia, o avanço das ideias iluministas não foi detido, nem da mudança política.

Ordenações Filipinas

Ao aportarem em terras brasileiras, os lusitanos se depararam com uma população que não dispunha de uma legislação escrita. Desse modo, impuseram unilateralmente a lei portuguesa a fim de obter o máximo rendimento da sua colônia. Entraram em vigor no Brasil as Ordenações, compilações da legislação de Portugal, sem devida adequação às particularidades do território dominado, sendo, respectivamente, as Ordenações Afonsinas (1446), as Ordenações Manuelinas (1521) e as Ordenações Filipinas (1603).

Perduraram por um maior período no Brasil as Ordenações Filipinas, que deixaram o ordenamento jurídico somente no ano de 1830, já no Brasil Império. Criadas em 1603, durante o período da União Ibérica, na qual o rei Filipe controlou os reinos de Portugal e Espanha simultaneamente, foram uma reforma das Ordenações Manuelinas. O

Ordenamento mesclava normas penais com normas processuais e ficou famoso por seu Livro V, o qual tratava do direito penal, marcado pela crueldade das penas, autoritarismo exacerbado e diferenciação entre as pessoas, adquirindo a alcunha de *Libris Terribilis* (o livro terrível ou o livro do terror) (SILVEIRA, KOSBY, LANG, 2018).

      O Livro V continha diversas penas de morte, tendo destaque a morte cruel (contava com tortura), morte atroz (com o confisco de bens, esquartejamento do cadáver ou proscrição de sua memória), morte simples (degolação ou enforcamento, não aplicada a pessoas de alta posição social), morte natural (mediante enforcamento), morte natural para sempre (além do enforcamento, o cadáver ficava exposto até que apodrecesse) e a morte civil (o indivíduo não é executado, mas não possui mais nenhum direito). Ademais, contava com outras penas como perda e confisco dos bens, multas, prisão simples, prisão com trabalhos forçados, galés (era uma condenação onde o condenado cumpria trabalhos forçados) temporárias ou perpétuas, desterro (condenação a deixar o local do crime), degredo (condenação de residência obrigatória em certo lugar), banimento ou exílio (degredo perpétuo) e açoites (ORDENAÇÕES FILIPINAS: LIVRO V, 1603).

      Relativo à estrutura judiciária do Brasil colônia, as funções eram divididas em: (CASTRO, 2017, p 308- 309)

a) Ouvidor: possuía funções administrativas e de julgar processos cíveis e criminais em que uma das partes fosse juízes alcaides, procuradores, tabeliães, fidalgos, abades, priores ou pessoas gradas. Ademais, julgava suspeições de juízes e as causas em que esses estivessem impedidos, as causas de função dos juízes de fora, das cidades e vilas situadas a até duas léguas da sede da comarca, agravos dos juízes ordinários e de fora e as apelações dos juízes ordinários em certas causas.

b) Juiz Ordinário ou da Terra: eleito entre os "homens bons" pela comunidade, não era letrado, ficava responsável pelas causas em que se aplicavam os forais, isto é, o direito local.

c) Juiz de Vintena: eleito anualmente pela câmara de vereadores, a ele cabia julgar verbalmente, sem apelação nem agravo, questões de baixo valor monetário, excetuando-se os relativos a bens imóveis e infrações cometidas contra as posturas municipais.

d) Almotacéis: eram de sua competência as questões sobre servidão e anunciação de obras novas.

e) Juiz de Fora: nomeado pelo poder central, dentre bacharéis letrados, com a finalidade de ser o suporte do rei nas localidades, garantia a aplicação das ordenações gerais do Reino.

f) Juiz de Órfãos: sua alçada abrangia as questões sucessórias de menores e incapazes, assim como de tutela e curatela.

Cabe ressaltar que:

> O juiz colonial- seja o de fora, o ordinário, o almotacé ou o vintenário ou de vintena- tem não só as funções de nossos juízes modernos, julgando, dando sentença, resolvendo litígios entre as partes desavindas; mas também os dos nossos simples agentes administrativos: executam medidas de administração, providenciam a realização de disposições legais... E isto sem distinguir absolutamente, na prática, a duplicidade (duplicidade para nós) das funções que estão exercendo. (PRADO JÚNIOR, 2002, p.322)

O órgão máximo de segunda e terceira instância era a Casa de Suplicação, com sede em Lisboa. Sua função era julgar recursos de ordem civil e penal (CARDOSO, 2008).

Legislação da época nas Minas

O grande fluxo de pessoas para a região das minas gerou um rápido aumento populacional e a necessidade de criação de uma legislação especial para regular o controle sobre a exploração do ouro. Pode ser citado o Código Mineiro de 1603 e 1618. Esse Código estabelecia que todos os súditos do rei podiam extrair o metal, separando um quinto dos seus rendimentos para a Coroa. Criava as Casas de Fundição, onde todo o ouro extraído em pepita ou em pó era fundido e transformado em barras com o selo real para poder circular de forma lícita pela Colônia, com o objetivo de deduzir o imposto, e demarcava as terras chamadas "minerais". Para além, criou o cargo de Provedor, responsável pela fiscalização das jazidas e da cobrança do quinto (CASTRO ,2017, p.314).

O Regimento de 1702, estendido até o final do período colonial, deu origem a uma administração nas Minas subordinada diretamente ao Governo português e não ao Governo-Geral, a Intendência das Minas. Suas atribuições eram: o policiamento da mineração, fiscalização e direção das explorações, cobrança de impostos e como tribunal de primeira e última instância nas situações ligadas às suas atribuições. O Regimento também substituiu o cargo de Provedor pelo de Superintendente.

A cobrança do Quinto assumiu várias formas em sua cobrança, através das já citadas casas de fundição, das transações comerciais e foi efetuada uma tentativa de cobrá-lo por número de escravos utilizados, mesmo daqueles não utilizados na mineração, e de pessoas livres que mineravam e os outros moradores da região de igual maneira. Posteriormente, foi utilizado o sistema de fintas, o qual definia uma quantia anual fixa de ouro que deveria ser entregue a Portugal. Por ser muito elevada, e com a crise da mineração (diminuição da quantidade de ouro encontrado), os impostos atrasados foram se acumulando e deviam ser cobrados de uma só vez de todos que viviam na área, ainda que fosse utilizada a força, método conhecido como Derrama.

Crime de lesa-majestade

O crime de Lesa-Majestade é regulado no Livro V das Ordenações Filipinas no Título VI:

> Lesa Magestade quer dizer traição cometida contra a pessoa do Rey, ou seu Real Stado, e que os antigos sabedores tanto estranharaõ, que o comparavaõ á lepra; porque assi como esta enfermidade enche todo o corpo, sem nunca mais se poder curar, e empece ainda aos descendentes de quem a tem, e aos que com elle conversaõ, polo que he apartado da comunicação da gente: assi o erro da traição condena o que a comette, e empece e infama os que de sua linha descendem, postoque não tenhaõ culpa.
> 1.Os casos, em que se comette a traição, são estes.(...) O quinto, se algum fizesse conselho e confederação contra o Rey e seu Stado,ou tratasse de se levantar contra elle, ou para isso desse ajuda, conselho e favor. (PORTUGAL, 1603, p.1153)

Pela enorme gravidade desse delito, ficava estabelecido que:

> 9. E em todos estes casos, e cada hum delles he propriamente commettido crime de Lesa Magestade, e havido por traidor o que os commetter.
> E sendo o commettedor convencido por cada hum delles, será condenado que morra morte natural cruelmente; e todos os seus bens, que tiver ao tempo da condenação serão confiscados para a Coròa do Reino, postoque tenha filhos, ou outros alguns descendentes, ou ascendentes, havido antes, ou depois de ter commettido, tal malefício. (PORTUGAL, 1603, p.1154)

Logo, a pena definida era válida a todos, mesmo para as "pessoas de maior qualidade", políticos e pessoas formadas nas universidades inclusos.

Delação premiada

Ainda no título referente ao crime de Lesa-Majestade, há o primeiro registro na história das leis vigentes no Brasil referente à Colaboração Premiada:

> 12. E quanto ao que fizer conselho e confederação contra o Rey, se logo sem algum spaço, e antes que per outrem seja descoberto, elle o descobrir, merece perdão.
> E ainda por isso lhe deve ser feita mercè, segundo caso merecer, se elle não foi o principal tratador desse conselho e confederação.
> E não o descobrindo logo, se o descobrir depois per spaço de tempo, antes que o Rey seja disso sabedor, nem feita obra por isso, ainda deve ser perdoado, sem haver outra mercè.
> E em todo o caso que descobrir o tal conselho, sendo já per outrem descoberto, ou posto em ordem para se descobrir, será havido por cometedor do crime de Lesa Magestade, sem ser relevado da pena, que por isso merecer, poiso revelou em tempo, que o Rey já sabia, ou stava de maneira para o não poder deixar de saber. (PORTUGAL, 1603, p.1154)

Constata-se no trecho a concessão do perdão ao delator e de algum benefício, quando avaliado que ele o merece.

Prisão e julgamento dos Inconfidentes

O processo de investigação e julgamento perdurou cerca de três anos, devido a lentidão e a complexidade das instâncias, podendo ambas as partes recorrerem contra as sentenças proferidas.

A Derrama foi suspensa antes da prisão dos inconfidentes pelo governador Visconde de Barbacena. Sendo essa o principal pilar para a deflagração da revolta popular, o movimento da Inconfidência perdeu sua base, fato reconhecido até pelo inconfidente Tomás Antônio Gonzaga (MAXWELL, 1995, p.168). Em 25 de março de 1789, em carta ao vice-rei Luís de Vasconcelos e Sousa, Barbacena explica que recebeu informações minuciosas sobre a preparação do levante em Minas, essas fontes da denúncia de Joaquim Silvério dos Reis. Apesar da aparente ligação de causa e consequência entre esses dois acontecimentos, a Derrama foi cancelada antes da delação e a conjuração foi apenas uma justificativa utilizada pelo Visconde, o qual possuía ciência de que a cobrança era perigosa para a estabilidade política da província. Logo, conclui-se que Silvério procurava outros meios para se livrar de suas dívidas, uma vez que a Inconfidência estava fadada ao fracasso. "Deste modo, aparentemente a conspiração chegou ao conhecimento do governador quando o plano original já fora abandonado e já se dissolvia a coalizão constituída no início de 1789" (MAXWELL, 1995, p.172). A motivação primordialmente individualista de diversos participantes levou à defecção dos mesmos.

      Tiradentes se encontrava no Rio de Janeiro quando a denúncia foi feita, com o objetivo de cuidar de seus projetos "e na ambição de fazer uma grande fortuna com seus empreendimentos no Rio" (MAXWELL, 1995, p.170). Nesse momento, o governador já havia articulado todos os seus movimentos para avisar o governo central e para prender os conspiradores sem que esses suspeitassem, porém a ação apressada do vice-rei, que já estava no final de seu mandato, levou à tona as pretensões das autoridades, levando os inconfidentes a saberem que estavam sendo investigados.

      O alferes, por consequência, tentou se retirar do Rio sem a autorização do vice-rei e as patrulhas da cidade passaram a procurá-lo, capturando-o em seguida. Simultaneamente, vários conjurados prestaram denúncia voluntariamente e foram imunizados, outros, presos (MAXWELL, 1995, p.178-9).

      Silva Xavier foi interrogado no dia 27 de maio e admitiu sua participação, mas diminuiu a importância e o tamanho do movimento, e torturas foram utilizadas nos interrogatórios do processo de investigação. Após preso, o poeta Cláudio Manuel da Costa supostamente se enforcou em sua cela, não antes de afirmar em seu depoimento a participação de vários indivíduos, sobretudo Gonzaga. Ressalta-se que diversas testemunhas foram inquiridas e os bens dos inconfidentes apreendidos pela Coroa.

Em 18 de janeiro de 1790, "[...] o alferes adotou uma conduta surpreendente, não só confessou sua participação no movimento, e a propaganda que ele fizera, duas coisas já perfeitamente provadas, mas ainda declarou que ele, sozinho, tinha dado origem a todo o plano" (MAXWELL, 1995, p.189).

Tal declaração o comprometeu irreversivelmente e sua sentença foi:

> Joaquim José da Silva Xavier — Morte natural, levada a cabeça para Vila Rica e os quartos para as estradas de Minas, principalmente na Varginha e Cebolas; infâmia para os filhos e netos, confisco de bens, casa arrasada e salgada, e no meio das ruínas um padrão, que declare o motivo. (CÂMARA DOS DEPUTADOS, 1976)

Por fim, em 8 de abril de 792, após quase três anos após o início do processo, sendo mantidos os presos incomunicáveis durante todo esse tempo, foram colocados a julgamento. Outros quatro também tiveram como pena o esquartejamento, porém a penalidade foi convertida em banimento do território brasileiro. Esses quatro e os demais inconfidentes foram deportados para países como Moçambique, como foi o caso de Tomás Antônio Gonzaga, que ficou conhecido na literatura pelas poesias dos seus livros, principalmente Marília de Dirceu que foi escrito após o seu exilio. Essas poesias eram destinadas a sua amada que ficara no Brasil trazem a expressão da saudade e da agonia do exílio ao qual fora sentenciado.

Delação premiada atualmente e comparação com o julgamento dos inconfidentes

Atualmente a delação premiada no Brasil é utilizada para a desintegração de organizações criminosas. Consiste em um acordo feito entre o Estado e o Réu, no qual terá uma troca de favores entre as partes: o réu passará informações significantes para facilitar o trabalho do poder judiciário e em troca receberá uma redução na sua pena. Segundo o artigo 4º Código de Processo Penal, o juiz poderá reduzir em até dois terços a pena privativa de liberdade, desde que com tais informações possa identificar coautores de crimes e infrações cometidas, participantes de organizações criminosas, recuperação do total ou parcial do produto ou proveito das infrações penais. Entretanto, a concessão para o acordo levará em conta diversos aspectos, tais como, "Personalidade do colaborador, a natureza, as circunstâncias, a gravidade e a repercussão social do fato criminoso e a eficácia da colaboração." (BRASIL, 2013). Além disso, em casos em que o réu não for o líder da organização criminosa ou for o primeiro a colaborar, o Ministério Público poderá não oferecer denúncia ao colaborador ou até conceder perdão judicial.

Ademais, a delação premiada tem sido uma ferramenta poderosa para o poder judiciário, aumentando a eficiência e agilidade dos processos penais. Primeiramente, ela foi implantada na legislação com a Lei dos Crimes Hediondos, Lei nº 8.072/90, art. 8º, par. Único, e posteriormente em diversas outras leis, como as de 7.242/86 e 8.137/90.

Os primeiros registros apontam que a primeira vez utilizada em um processo penal brasileiro, foi na época em que o Brasil ainda estava sob o comando de Portugal, mais precisamente no período das Ordenações Filipinas. Naquele tempo, a delação premiada era regulamentada pelo livro V, título VI ,o qual tratava da parte criminal da legislação vigente, especificamente sobre o crime de lesa-majestade, e dispunha a respeito daqueles que informassem os nomes dos companheiros, em casos de crimes e traição contra o Império Português.

Diante no exposto, é demonstrado na história Penal que houve uma evolução na utilização da delação premiada no Brasil, na fase das Ordenações, era usada basicamente para crimes graves que englobassem a coroa portuguesa ou a elite imperial, no entanto, no decorrer dos séculos foi se utilizando constantemente essa ferramenta, visto que houve o aumento da criminalidade organizada, afetando efetivamente a organização judiciária e a segurança pública. A esse respeito, como uma medida para equilibrar e amenizar a força da criminalidade, foi adotada constitucionalmente a Delação, tornando-se um instituto do Direito Penal, sendo possível, a partir dela, uma revisão de pena. Outra mudança foi no acordo entre as partes, antes eram utilizadas recompensas em dinheiro, nomeações e perdão por dívidas, hoje a máxima fornecida pelo Judiciário é a de perdão judicial, em casos de grande repercussão e com teor de informações extremamente claros e precisos.

Sobre a aplicação da Delação Premiada, existe a discursão das controvérsias a respeito da premiação do delinquente com a concessão da redução da pena e ainda sobre a efetiva veracidade do depoimento para ser considerado como prova. A esse respeito, em seu artigo *Origem da Delação Premiada e suas influências no Ordenamento Jurídico Brasileiro*, os advogados Rafael Silva

Nogueira Paranaguá e Pamella Rodrigues Dias fazem uma análise criteriosa sobre essa temática:

> No que concerne a sua aplicabilidade como instrumento probatório a confissão tem a sua importância e será avaliada de acordo com o livre convencimento do magistrado. Vale ressaltar que ela nunca poderá sozinha dar ensejo a uma condenação ; deve contar com outros indícios e provas presentes nos autos. (...)Dessa forma, não tendo o estado meios potentes para enfrentar esta batalha, acreditamos que a colaboração premiada traz um benefício maior que os pontos negativos apresentados. Neste sentido, os fins parecem justificar os meios em nome de um bem jurídico maior , e talvez assim o estado consiga combater a impunidade que assola a nossa sociedade. (2003, p. 2,3)

Portanto, é verificada a importância atual desse instrumento. Também, comparando-se os moldes da Delação Premiada atual com o modelo que foi empregada no caso analisado de Tiradentes, percebe-se a modificação dos critérios adotados em relação à constituição de provas somente pelo relato. Essa análise que é feita atualmente a partir desses depoimentos para a constatação e prova de veracidade dos fatos resulta em uma maior segurança no julgamento.

Legado de Tiradentes e da Inconfidência Mineira

A Inconfidência Mineira tornou-se um símbolo de nacionalismo e tentativa de libertação da pátria. Esse evento foi idealizado e monumentalizado, analisado não a partir de seu próprio período histórico, mas da época de seus historiadores. Foi exaltado na instauração da República, na revolução de 1930, no governo de Juscelino Kubitschek, na Ditadura Militar (tanto pelo governo quanto pela oposição) e na redemocratização, como dito pelo professor e escritor, João Pinto Furtado, o movimento "foi usado para tudo, ou quase tudo" (FURTADO, 2002, p.33). Ignoraram-se as divergências dentro dele e, segundo as palavras do historiador, em sua obra *O Manto de Penélope*:

> O que quer que possa "deslustrar" os inconfidentes, seja do ponto de vista moral, seja do ponto de vista de sua existência material e cotidiana, com frequência é colocado em segundo plano, quando não ignorado ou citado em notas absolutamente secundárias. (FURTADO ,2002, p.45)

Nesse viés é importante retomar alguns fatos sobre a Conjuração. Primeiramente, nem todos os seus participantes eram intelectuais. Dito isso, é constatado que não foi puramente pela defesa da liberdade que eles lutavam, alguns buscavam status, mesmo entre aqueles com uma boa situação social: segundo testemunhas, nos autos do processo de julgamento, o coronel Inácio José de Alvarenga Peixoto (inconfidente) e sua esposa, Bárbara Heliodora, possuíam uma tendência à monarquia e pretendiam ser parte de uma "realeza" instaurada pela revolta em Minas. Logo, a inspiração com a Constituição estadunidense era seletiva e limitada, e o objetivo da ação não era um consenso sólido (FURTADO, 2002).

Para mais, os principais integrantes do movimento eram senhores de escravos e mineradores, possuíam, portanto, interesses econômicos com a possibilidade da anulação de seus débitos por meio do rompimento com Lisboa e ocuparam cargos importantes na administração da capitania, também fizeram parte das desordens, prepotências e tiranias na colônia, como evidenciado por Sérgio Buarque de Holanda. (FURTADO, 2002, p. 35)

Investigando mais especificamente, o "herói", Tiradentes, retratado posteriormente nas obras artísticas de maneira semelhante a Jesus Cristo, era um homem comum, longe da perfeição retratada. O mártir frequentava bordéis, foi denunciado por abusos de poder e violência em sua atuação sob a ordem do governador Luís da Cunha Meneses, este satirizado na obra de Tomás Antônio Gonzaga, autor que apresentava uma inimizade com Joaquim José (FURTADO, 2002).

Atos de interesse individual tomados por Tiradentes foram gravados na posteridade como altruístas, como o projeto de canalização do córrego de Andaraí (RJ) para a obtenção de lucros com um moinho de grãos, que ficou lembrado como um meio para fornecer água para a população. Ademais, fatos sem base de comprovação foram criados e propagados, como a defesa dos negros por essa personalidade histórica, ultrapassando e contrariando a ideologia e os interesses dos inconfidentes.

Contudo, é inegável a influência da Inconfidência Mineira. Tiradentes é atualmente o patrono na polícia militar de Minas Gerais e, pela Lei n.º 4.897, de nove de dezembro de 1965, lhe foi atribuído o título de Patrono Cívico da Nação Brasileira. Igualmente, a bandeira criada pelos insurgentes (com algumas alterações) representa hoje a do estado de Minas Gerais.

Conclusão

Infere-se do presente artigo que o processo ao qual foram submetidos os inconfidentes realizou-se de forma legal perante o crime cometido frente à legislação colonial e as denúncias executadas também estiveram em consonância com a norma legal, não ocorrendo apenas a de Joaquim Silvério dos Reis. Ademais, as penas proferidas não atingiram o rigor máximo previsto no texto de lei, portanto, foram atenuadas. Convém destacar as mudanças na legislação através dos séculos no Brasil, tornando-se mais detalhada, rígida e justa perante a responsabilidade da pessoa processada pela Justiça.

Com base no que foi apresentado, acrescenta-se que a visão parcial do movimento da Inconfidência Mineira deturpou diversos fatos ocorridos a fim de monumentalizar o evento, retirando-o do seu momento histórico e conferindo idealismo ao ocorrido. Assim, é necessário um maior compromisso com a veracidade na recapitulação da conjuração, tanto no senso comum, quanto nas pesquisas de cunho acadêmico.

Referências

CÂMARA DOS DEPUTADOS, GOVERNO DO ESTADO DE MINAS GERAIS. **Portal da Inconfidência**, 1976. Autos de Devassa da Inconfidência Mineira. Disponível em: http://portaldainconfidencia.iof.mg.gov.br/leitura/web/v1?p#. Acesso em: 24 de nov. de 2019.
CARDOSO, Antônio Pessoa. **Casa da Suplicação**, 2008. Disponível em: https://m.migalhas.com.br/depeso/59806/casa-da-suplicacao. Acesso em: 24 de nov. de 2019.
CASTRO, Flávia Lages de. **História do Direito:** geral e Brasil. 13. ed. Rio de Janeiro: Lumen Juris, 2017.
COELHO, Daniela. História da Pena de morte no direito Brasileiro. **Jusbrasil**, 2018. Disponível em: danicoelho1987.jusbrasil.com.br/artigos/588446226. Acesso em: 24 de nov. de 2019.
FURTADO, João Pinto. **O manto de Penélope:** história, mito e memória da Inconfidência Mineira de 1788-9. São Paulo: Companhia das Letras, 2002.
HAYASHI, Francisco. Entenda a "delação premiada". **Jusbrasil**, 2014. Disponível em: https://franciscohayashi.jusbrasil.com.br/artigos/138209424. Acesso em: 24 de nov. de 2019.
KOBREN, Juliana Conter Pereira. **Apontamentos e críticas à delação premiada no direito brasileiro,** ISSN1518-4862, Teresina, ano 11, n 987, 2006: Disponível em jus.com.br/artigos/8105. Acesso em 27 nov.2019.
MAXWELL, Kenneth. **A devassa da devassa**. Rio de Janeiro: Editora Paz e Terra, 1995.
PARANAGUÁ, Rafael Silva Nogueira; DIAS, Pamela Rodrigues . **Origem da delação premiada e suas influências no ordenamento jurídico brasileiro.**

2013. Disponível em : https://jusbrasil.com.br/artigos/1214126. Acesso em 26 nov. de 2019.

PARREIRAS, Núbio Mendes. **Delações premiadas e o risco de injustiças**. **Jusbrasil**, 2019. Disponível em: https://canalcienciascriminais.jusbrasil.com.br/artigos/701257846. Acesso em: 24 de nov. de 2019.

PEREIRA, Robson. Um olhar jurídico sobre a condenação de Tiradentes. **ConJur**, 2011. Disponível em: https://www.conjur.com.br/2011-abr-19/olhar-juridico-processo-condenou-tiradentes-forca. Acesso em: 24 de nov. de 2019.

PRADO JUNIOR, Caio. **Formação do Brasil contemporâneo:** colônia. São Paulo: Brasiliense; Publifolha, 2000.

SILVA, Diego Lopez; DORIGO, Gianpaolo; MIRANDA, Renan Garcia. **Ensino médio, 1° ano: 2 semestre: história: livro texto**. 1. ed. São Paulo: SOMOS Sistema de Ensino, 2016.

SILVEIRA, Davi; KOSBY, Esther Casanova; LANG, Karine Mastella. A Legislação penal no Brasil durante o período colonial. **Revista Partes**, 2018. Disponível em: http://www.partes.com.br/2018/06/23/a-legislacao-penal-no-brasil-durante-o-periodo-colonial/. Acesso em: 24 de nov. de 2019.

TIRADENTES e a Inconfidência Mineira. **Estado de Minas**, 20 de abr. de 2015. Disponível em: https://www.em.com.br Acesso em: 24 de nov. de 2019.

TOMAZINI, Andressa. Colaboração premiada: maturação legislativa. **Jusbrasil**, 2018. Disponível em: https://canalcienciascriminais.jusbrasil.com.br. Acesso em: 24 de nov. de 2019.

O racismo e a mídia como fatores metajurídicos no Caso O.J. Simpson

Celson Victor Cavalcante dos Reis
Maria Júlia Soares Canela
Maria Paula Fagundes e Silva

Conhecida como "O Julgamento do Século", a ação penal movida pela promotoria de Los Angeles contra o famoso ex-jogador de futebol americano, O. J. Simpson, prendeu a atenção da população estadunidense por pouco mais de um ano, constituindo um verdadeiro evento midiático. O assassinato de Nicole Brown - ex-mulher de O. J. - e de Ronald Goldman, e a posterior acusação dirigida à um dos maiores ídolos da época, suscitou debates e dividiu a comunidade norte-americana.

Orenthal James Simpson, popularmente conhecido como O. J., de origem humilde, ascendeu socialmente por meio da sua habilidade nos esportes. Após se aposentar do esporte, O. J. manteve destaque como uma das personalidades mais queridas do Estados Unidos, trabalhando também como ator e garoto-propaganda. Em 1985, já aposentado, Simpson casou-se com Nicole Brown, com a qual teve dois filhos. O relacionamento, segundo parentes e amigos do casal, era tumultuado, sendo recorrentes os episódios de violência; tais episódios culminaram no divórcio em 1992, sendo O. J. acusado de violência doméstica, mas sem acarretar consequências legais. O fim do casamento, contudo, não marcou o fim dos atritos entre o casal.

No dia 13 de junho de 1994 o agente Robert Riske, do Los Angeles Police Department (LAPD), recebeu uma chamada para atender a uma ocorrência de crime na parte sul de Brentwood, bairro em que morava Nicole. Riske encontrou os dois cadáveres ensanguentados na entrada da casa; do lado dos corpos havia uma luva de couro, além de pegadas e gotas de sangue que indicavam a fuga do assassino. Ao entrar na casa e observar os diversos porta-retratos, o agente logo percebeu que se tratava da família de O. J. Simpson.

Após a comunicação do ocorrido ao supervisor da área de West Los Angeles, os detetives Mark Fuhrman e Ron Philips foram designados para o exame das evidências materiais do crime e encarregaram-se também de informar O. J. Simpson do ocorrido, dada a proximidade das residências do antigo casal. Ao chegarem à residência de Simpson, os detetives constataram que ele havia partido para Chicago naquela mesma noite. O detetive Fuhrman - após Kato Kaelin, empregado que morava no terreno de O. J., revelar ter ouvido um barulho incomum próximo ao seu quarto - encontrou uma luva similar à encontrada junto aos cadáveres. Mais tarde, foram encontradas também gotas de sangue perto da garagem, além de manchas nos bancos do Ford de O. J..

Alguns dias depois a perícia revelou que o sangue encontrado na casa de Nicole correspondia ao tipo sanguíneo de O. J., assim como o sangue presente na luva era compatível com uma mistura do sangue dele e das vítimas. Diante disso, os promotores Marcia Clark e Bill Hodgman decidiram levar Simpson a juízo, a acusação formal ocorreria com a presença voluntária dele e dos seus advogados.

É a partir da fuga de O. J. que o caso ganha dimensões midiáticas espetaculares. Ele estava acompanhado por seu amigo Al Cowlings - pressionado diante das ameaças de suicídio por parte de O. J.. Giusti (2018) considera a perseguição policial cinematográfica ao Ford Bronco de Cowlings um momento surreal na história da justiça criminal estadunidense. Posteriormente, Simpson entregou-se e permaneceu preso até o fim do julgamento.

O julgamento da ação penal se deu por meio do estabelecimento do Tribunal do Júri, instituição muito utilizada e extremamente respeitada nos Estados Unidos. A composição do Júri, dada a localização do Fórum escolhido para presidir o julgamento, influenciou diretamente os rumos tomados pela equipe de defesa. Essa era composta por advogados criminalistas renomados, como Robert Shapiro, F. Lee Bailey e John L. Cochran, que souberam, sobretudo, utilizar o frenesi midiático a seu favor. A equipe de acusação, por sua vez, era formada pelos promotores Marcia Clark e Bill Hodgman, que se mantiveram firmes na sua abordagem, pautada na quantidade de evidências incriminatórias.

Ao fim de onze meses, o júri - após uma deliberação mais rápida do que o esperado - absolveu O. J. Simpson.

> A repercussão em todo o país foi imediata. A maioria da população negra comemorou o resultado, se não pela inocência de O.J., ao menos pela "mensagem" que a absolvição transmitia a toda a sociedade sobre a questão racial e, principalmente, a violência policial. A grande maioria da população branca, por sua vez, lamentou o resultado e culpou a ineficiência do sistema penal. Até hoje, muitos se referem ao julgamento da ação penal como uma "ferida aberta." (GIUSTI, 2018, p. 72)

Em um contexto histórico altamente influenciado pelos debates e conflitos acerca da luta contra o racismo e da violência policial destinada à comunidade negra, o caso O. J. trouxe à tona uma discussão de abrangência nacional. Dada à fama do réu e figura central do caso, todo o país estava atento à investigação e ao julgamento. E, nesse ínterim, a mídia estadunidense encontrou uma forma de produzir lucro. A imprensa divulgava a existência de provas, entrevistava testemunhas importantes e comentava o julgamento conforme esse progredia. A população estadunidense dividiu-se pela linha racial e via-se constantemente bombardeada por notícias como nunca antes. Diante disso, é necessário compreender como e até que ponto as questões raciais e a ação da mídia influenciaram o desenrolar do julgamento, os jurados e, logo, o veredicto desse caso que até hoje suscita dúvidas e inspira produções cinematográficas.

As questões raciais e os tumultos de Los Angeles de 1982

O racismo e a segregação entre brancos e negros estiveram presentes nos Estados Unidos, assim como em diversos outros países americanos, desde o período colonial. A clara divergência entre as colônias do Norte e do Sul quanto ao uso da mão de obra escrava, culminou na Guerra Civil Americana, fato que ocorreu entre os anos de 1861 e 1865. Esse conflito, considerado um dos mais sangrentos da história americana, deixando 600 mil mortos, resultou na vitória dos estados do Norte e no fim da escravatura no país. Entretanto, como tentativa de reintegrar os estados do Sul, iniciou-se em meados do século XIX, a implementação de leis segregacionistas.

A respeito desse processo o historiador Leandro Karnal diz:

> Leis de segregação racial haviam feito breve aparição durante a reconstrução, mas desapareceram até 1868. Ressurgiram no governo de Grant, a começar pelo Tennessee, em 1870: lá, os sulistas brancos promulgaram leis contra o casamento inter-racial. Cinco anos mais tarde, o Tennessee adotou a primeira Lei Jim Crow e o resto do Sul o seguiu rapidamente. O termo "Jim Crow", nascido de uma música popular, referia-se a toda lei (foram dezenas) que seguisse o princípio "separados, mas iguais", estabelecendo afastamento entre negros e brancos nos trens, estações ferroviárias, cais, hotéis, barbearias, restaurantes, teatros, entre outros. Em 1885, a maior parte das escolas sulistas também foram divididas em instituições para brancos e outras para negros. Houveram "leis Jim Crow" por todo o sul. Apenas nas décadas de 1950 e 1960 a suprema Corte derrubaria a ideia de "separados, mas iguais. (KARNAL, 2007)

Esse processo foi marcante na história do país, e as suas consequências são visíveis ainda nos dias atuais, como por exemplo, nos inúmeros casos de violência policial contra negros e no racismo institucional. Esses fatos são algumas das pautas nas quais se apoiava o movimento negro estadunidense que tomou força a partir das décadas de 1950 e 1960. Figuras como Martin Luther King e Malcolm X são símbolo do movimento a favor da luta por direitos civis e contra o racismo que culminou em uma série de revoltas e manifestações por todo os Estados Unidos.

Neste contexto de forte segregação no Sul, em detrimento de uma política menos opressora como a do Norte, Los Angeles se encontrava no meio-termo entre esses dois cenários. A cidade onde eventualmente aconteceriam os assassinatos de Nicole Brown e Ronald Goldman, ainda assim, foi palco para inúmeros conflitos raciais nos anos que precederam o julgamento.

Até a década de 1930, o Departamento de Polícia de Los Angeles (LAPD), passava por uma série de polêmicas e dificuldades envolvendo corrupção. Com a intenção de reverter essa situação, houve uma reforma no departamento, tornando-o autônomo. Por volta de 1950, William H. Parker, sujeito conhecido por ser abertamente racista, tornou-se o chefe da polícia.

A partir de então, a polícia de Los Angeles construiu um histórico de abordagens agressivas e injustificadas à população negra, motivadas pelo racismo dos próprios membros do departamento. Em 1965, uma dessas abordagens violentas a dois jovens negros no bairro de Watts, resultou numa série de protestos, ocasionando a morte de 34 pessoas e deixando milhares feridas. Sobre o evento que ficou conhecido como The Watts Riots, Parker se referiu aos manifestantes como "macacos no zoológico".

Já em 1991, o motorista negro Rodney King foi espancado por um grupo de policiais brancos, sem motivo aparente, uma vez que ele estava desarmado e não representava perigo. Os agentes envolvidos no caso foram todos absolvidos, o que culminou, no ano seguinte, em uma das maiores revoltas da cidade californiana, "Os Tumultos de Los Angeles de 1992". Em uma série de confrontos, depredações, saques e incêndios, 55 pessoas morreram e quase 3 mil ficaram feridas.

> O veredito causou indignação e ira na população negra, que viu na decisão do tribunal um novo exemplo de injustiça e discriminação, e motivou os maiores distúrbios raciais da cidade californiana desde as desordens de Watts em 1965. Incêndios, saques e ataques transformaram Los Angeles em uma cidade quase sem lei e imersa no caos, com 12 pessoas mortas no primeiro dia de distúrbios.

> O veredito do caso King foi recebido como um novo desprezo pela população negra, que já convivia com a pobreza, o racismo e a marginalização. A faísca que faltava para acender o pavio.
> As autoridades declararam o estado de emergência e forças militares tomaram a cidade para tentar controlar a situação caótica nas ruas. (...)
> Após seis dias, os distúrbios em Los Angeles terminaram com um balanço de 55 mortos, cerca de dois mil feridos e mais de US$ 1 bilhão em prejuízos econômicos. (G1, 2016)

Os assassinatos de Nicole e Ronald Goldman aconteceram dois anos após esse episódio, em meio a um forte sentimento de tensão. Assim, quando O.J. Simpson, um homem negro, foi apontado como suspeito pela morte de sua ex-mulher e de um garçom, ambos brancos, toda a população americana se viu em um entrave. Mesmo com inúmeras provas apontando que Simpson teria sido o autor do crime, devido aos eventos precedentes, é fácil entender como a ideia de uma conspiração da polícia racista para incriminar mais um homem negro foi amplamente defendida, de forma a resultar na absolvição do ex-jogador.

O. J Simpson ascendeu na fama na década de 1970 quando se tornou uma estrela do futebol americano. Com o passar dos anos, mesmo depois de aposentado no esporte, O.J. ainda era uma figura sempre presente na mídia, seja em séries de televisão, em programas de variedades, ou em propagandas, Simpson possuía a simpatia de todo o país. Em um contexto de tamanho atrito, no auge dos conflitos raciais no Estado Unidos, O. J. Simpson era o elo entre brancos e negros. Para a comunidade negra, O.J. representava a possibilidade de ascensão social, um modelo. Já para os brancos, Simpson era uma figura através da qual podiam passar a imagem de "não-racistas", afinal, demonstravam seu apoio e simpatia por uma celebridade negra. O. J. era um ídolo acessível e "tragável" para os brancos, porque apesar de negro, sempre foi alheio aos conflitos e discussões raciais uma vez que atingiu a fama e status econômico. O. J. não lutava a favor das pautas da comunidade e se adequava bem aos padrões da elite majoritariamente branca da qual passou a fazer parte. Não era um ativista, um militante, tampouco queria estar associado à comunidade negra, como expõe o autor Jeffrey Toobin sobre uma declaração controversa que O.J. Simpson deu, logo no início de sua carreira:

> Simpson manifestou sua opinião sobre raça de forma mais incisiva em uma entrevista em 1968 com Robert Lipsyte, do New York Times. Quando o país mergulhava em conflitos raciais - e alguns atletas negros, como Robinson e Muhammad Ali, arriscavam a carreira ao participarem do movimento pelos direitos civis - Simpson disse a Lipsyte: "Não sou negro, sou O.J. Simpson. (TOOBIN, 2016)

Mas, uma comunidade marcada pelas lutas contra anos de abuso e preconceito, em um contexto de tamanha instabilidade, podia se apegar a qualquer representação. Mesmo nunca tendo sido de fato ativo nas causas políticas a favor dos negros, ainda assim, a comunidade negra se apoiava na representatividade que advinha da fama de O. J. Simpson.

Um grande ponto desse caso é que o réu, uma celebridade, um produto de mídia, não apenas cumpria esse papel, mas tinha uma representação cultural e social de alta importância para o contexto histórico da época. Quando o "Queridinho da América" se torna um possível assassino, toda a construção de um possível pacifismo entre brancos e negros, que tinha O. J. como pilar, desmorona. Toda a ideia de um país não-racista, democrático e livre, todos os valores e a romantização do American Way of Life, se vêm abalados. Todo o país se espanta e desestabiliza, e a mídia sabe usar desses fatos para produzir manchetes sensacionalistas, rumores, especulações e transformar uma ação penal de duplo homicídio, em um espetáculo midiático.

A mídia sensacionalista como uma estratégia da defesa

Como anteriormente exposto, o julgamento da ação penal contra O.J. Simpson, diferentemente da ação civil, despertou a atenção de toda uma nação por uma série de fatores particulares. Todos esses fatores combinados resultaram em um cenário favorável e fértil para a ação midiática, que se tornou um dos pontos fundamentais nesse caso. Desde matérias sensacionalistas envolvendo o suposto passado de Nicole Brown, capas de revistas comentando os visuais de Marcia Clark, até uma perseguição policial televisionada em tempo real. A imprensa se apoderou de todos os aspectos acerca do julgamento e este fato, sem dúvidas, foi decisivo para o veredicto.

> Quando posto em discussão, esse julgamento gera intenso debate quanto à influência midiática no Poder Judiciário e no devido processo legal. Isso porque os meios de comunicação teriam feito de O. J. Simpson um protagonista de um verdadeiro reality show, cujo cenário era o sistema judiciário norte-americano. Essa espetacularização teria se agravado, especialmente, após autorização do juiz Lance Ito para a filmagem das sessões, fato que influou o interesse popular no assunto e fez dele uma verdadeira novela televisiva. (PINTO; CORTEZ, 2019, p. 113)

Antes mesmo do início do processo judicial, quando O.J. foi declarado fugitivo por não ter se apresentado às autoridades dentro do prazo estabelecido, todas as câmeras já estavam voltadas para o caso. A partir daí, iniciou-se a famosa perseguição de inúmeros veículos da polícia atrás do

Ford Bronco, no qual Simpson permaneceu com uma arma apontada para si mesmo, ameaçando suicidar-se, enquanto o amigo, Al Cowlings, dirigia o carro. Esse evento marcante durou duas horas e foi televisionado para todo o país, e até hoje, é reconhecido como um dos episódios mais marcantes da história da justiça criminal dos EUA. Centenas de pessoas se dirigiram às rodovias para manifestar seu apoio à O. J. e "saudar" o famoso Ford Bronco. Na manhã do veredicto final, 20 milhões de estadunidenses acompanharam a decisão do júri, comovidos, fazendo suas apostas acerca do resultado daquela ação penal que durou cerca de dois anos. Do lado de fora do tribunal, uma multidão erguia cartazes prestando apoio ao ex-jogador.

     A imprensa não agiu de forma meramente autônoma, entretanto. Como Toobin (2016) expõe em sua obra, a promotoria, e especialmente a defesa, utilizaram do grande destaque que o julgamento recebeu, para, por meio de entrevistas e declarações, induzir a opinião pública de acordo com seus próprios interesses. E nesse sentido, a espetacularização da mídia não foi simplesmente uma consequência de um caso tão singular, mas foi um instrumento explorado como um fator metajurídico.

> As partes envolvidas no caso Simpson trabalharam obsessivamente para influenciar a cobertura da imprensa. Esses esforços para manipular as notícias — alguns bem sucedidos, outro não — tiveram consequências importantes e duradouras, desde a noite dos assassinatos até a manhã do veredicto. [...] Com efeito, a principal estratégia da defesa era envolver o público em uma história convincente — a criação de uma contranarrativa baseada em uma suposta conspiração policial para incriminar Simpson. Para tanto, a defesa precisava de uma audiência receptiva, e, sem dúvida, a encontraria entre os jurados alistados no Centro de Los Angeles, em sua maioria afro-americanos. A estratégia da defesa apelava para experiências que eram tudo, menos fictícias — sobretudo as décadas de práticas racistas

> do Departamento de Polícia de Los Angeles (DPLA), inclusive dentro de suas delegacias. A defesa procurou identificar o caso Simpson como o mais recente de uma série de abusos raciais praticados pela polícia local. (TOOBIN, 2016)

Robert Shapiro, um dos principais componentes do "Dream Team", banca de advogados de defesa de O.J. Simpson, era conhecido pela ampla repercussão dos seus casos na mídia. Shapiro permitia a presença da imprensa e a utilizava ao seu favor. Em um caso tão grande, envolvendo uma celebridade nacional e uma acusação de homicídio, não poderia ser diferente.

O tribunal do júri nos Estados Unidos

O Tribunal do Júri, como o conhecemos, origina-se na Inglaterra em 1215 a partir da Magna Carta. Pautava-se no seguinte preceito: "Ninguém poderá ser detido, preso ou despojado de seus bens, costumes e liberdades, senão em virtude de julgamento de seus pares, segundo as leis do país" (grifo nosso). Segundo Nucci (2015), após a Revolução Francesa, devido à expansão dos ideais republicanos, o julgamento pelo júri passou a ser almejado como um ideal de liberdade e de democracia. Isso porque apenas o povo saberia ser imparcial e justo. Assim, a tradição do júri espalhou-se pela Europa e por todo o Ocidente.

Ademais, o júri é visto também pela doutrina como um direito fundamental.

> Formalmente, o júri pode ser considerado um direito humano fundamental, consistente na participação do povo nos julgamentos proferidos pelo Poder Judiciário. Em outras palavras, o Tribunal do Júri figura como, praticamente, a única instituição a funcionar com regularidade, permitindo que qualquer

> cidadão tome parte nos assuntos de um dos Poderes da República. (NUCCI, 2015, p. 41)

O júri popular é um instituto prestigiado, indissociável e protagonista da tradição política do povo estadunidense, sendo considerado um dever cívico e a manifestação de uma consciência jurídica comum. Está presente na democracia estadunidense desde a Declaração de Independência de 1776.

O artigo III da Constituição dos Estados Unidos da América estabelece que "The trial of all crimes, except in cases of impeachment, shall be by jury; and such trial shall be held in the state where the said crimes shall have been committed [...]."[1] Ainda, a Sexta Emenda garante que "[...] the accused shall enjoy the right to a speedy and public trial, by an impartial jury of the State and district wherein the crime shall have been committed [...]."[2] A Sétima Emenda, por fim, determina que "[...] no fact tried by jury shall be otherwise re-examined in any Court of the United States [...]."[3] Por ser considerado um privilégio, o acusado pode abrir mão do julgamento pelo júri.

Não há diretrizes acerca de como o júri deve ser formado; nesse sentido, são utilizadas as decisões jurisprudenciais. Essas definem que, como no sistema inglês, o júri deve ser formado por, em geral, doze jurados, sendo

---

[1] "O julgamento de todos os crimes, exceto em caso de *impeachment*, devem ser feitos pelo tribunal do júri; e tal julgamento deve ocorrer no estado em que os crimes forem cometidos[...]." (CONSTITUTION, 2019, tradução nossa)

[2] "[...] o acusado tem direito a um julgamento rápido e público, por um júri imparcial do Estado e distrito em que o crime tiver sido cometido. " (BILL, 2019, tradução nossa)

[3] "[...] nenhum caso julgado pelo júri poderá ser reexaminado por nenhuma Corte dos Estados Unidos. " (BILL, 2019, tradução nossa)

presididos por um juiz togado. Os jurados são sorteados dentre aqueles da comunidade onde o caso será julgado.

No que tange ao Caso O. J. Simpson, a comunidade escolhida para presidir o julgamento e a consequente composição do júri foi de suma importância para os rumos tomados pelo julgamento.

Devido a problemas estruturais no Fórum de Santa Mônica, o promotor-geral Gil Garcetti optou por realizar o processo criminal no Fórum Central Criminal de Los Angeles. Relata-se que a decisão foi pautada também na intenção do promotor de criar uma imagem pacificadora diante da comunidade local, devido à comoção gerada pelos Tumultos de 1992. A região escolhida era habitada majoritariamente por negros, latinos e asiáticos, o que, para Garcetti, criaria uma maior credibilidade e "percepção de justiça" quanto ao julgamento, do que um julgamento feito por uma maioria branca em Santa Mônica.

A seleção dos jurados e dos suplentes durou dois meses, estendendo-se de setembro a novembro de 1994. O processo de análise foi árduo: tanto a defesa quanto a acusação buscavam jurados com possíveis inclinações favoráveis aos seus respectivos clientes. Ao fim do processo, o Conselho de Sentença foi formado por oito negros, um branco, dois pardos e um hispânico, sendo oito mulheres.

A composição agradou a equipe de defesa, posto que se alinhava com a estratégia voltada para as questões raciais. É importante ressaltar que, conforme as leis da Califórnia, o veredicto em julgamentos criminais deve ser unânime. Além disso, após a deliberação do júri, em caso de dúvida razoável, o júri deve optar pela absolvição. Quando a unanimidade não é alcançada, o juiz deve convocar um novo julgamento.

Esse fator foi relevante para a estratégia da defesa, que buscou contestar todas as evidências da acusação, criando uma atmosfera cheia de dúvidas. A acusação, mesmo diante da composição do júri, acreditava na robustez das provas materiais contra O. J..

No dia 11 de janeiro de 1995 os jurados foram confinados em um hotel, sem contato com televisão, rádio ou jornais, a fim de manter a imparcialidade do julgamento. Contudo, o espetáculo midiático que envolvia o Caso O. J. havia começado muito antes, não deixando, portanto, de influenciar a compreensão dos jurados acerca do que seria relatado ao longo do processo penal. Esse terminaria somente nove meses depois.

O racismo e a mídia como fatores metajurídicos

As decisões judiciais não consistem na mera subsunção entre o fato e a norma, sendo muitas vezes influenciadas por uma carga valorativa. Ao julgar, o magistrado é influenciado pelas concepções que se formaram ao longo da sua própria experiência. Tal relação é prevista pela Teoria Tridimensional do Direito de Miguel Reale (1994) que explicita que a ciência jurídica seria uma integração normativa de fatos segundo valores. Nesse sentido, a relação dicotômica existente entre o fato e a norma seria direta ou indiretamente influenciada pelo valor. Nesse cenário, emergem os fatores metajurídicos, fatores externos que influenciam na decisão judicial.

Um dos pilares das democracias modernas é a liberdade de expressão, que abarca também a liberdade de informar. Diante disso a mídia, a partir da veiculação irrestrita de ideias, assume um papel importante na formação do pensamento.

> No entanto, a liberdade de informar, como qualquer direito fundamental, não é absoluta e pode/deve ser ponderada no caso concreto. Isto porque a mídia não se contenta em informar apenas, ao contrário, ao desempenhar sua função de informar, ela quer também intervir diretamente no curso dos acontecimentos (GARAPON, 1952, p. 78).

No âmbito do Caso O. J. Simpson houveram dois fatores metajurídicos de grande relevância: as questões raciais e a intensa midiatização do processo judicial. Ambas se relacionam, sendo a primeira muitas vezes abordada pelos meios de comunicação estadunidenses, ampliando, assim, o seu impacto diante do júri.

Os meios de comunicação, em especial a televisão, seguem a lógica do espetáculo, pautada no consumo e na captação do espectador pelo maior tempo possível. Diante disso, o processo judicial midiatizado fica sujeito à distorção ou ampliação dos fatos, criando, como foi o caso do Julgamento do Século, uma espécie de reality show, em que é difícil mensurar a veracidade e a relevância dos fatos, dada a tendência sensacionalista da mídia.

> Assim, o jornalista transforma o processo judicial em uma grande construção narrativa, cheia de personagens e mitos reativados, em que há a preocupação primeira em divulgar a informação, seja esta verdadeira ou não. A mídia transforma-se, nas palavras de Garapon (1952), no "disjuntor simbólico do tempo", impondo a todos uma reação imediata aos fatos, o que para a lógica processual e para o processo decisório é muito prejudicial. O ato simples de divulgar uma informação cedo demais ou de antecipar fatos

> e provas atrapalha o trabalho da justiça e influência no comportamento das pessoas envolvidas, inclusive dos juízes. (PINTO; CORTEZ, 2019, p. 109)

Tendo em vista o poder de influenciar sempre muito explorado pela mídia, a equipe de defesa de O. J. fez largo uso dessa ferramenta. O primeiro uso bem-sucedido dos meios de comunicação pela defesa se deu no dia da contratação de Johnnie Cochran, um dos principais advogados de O.J.. No dia 18 de julho de 1994, o apresentador Larry King abriu o seu programa de televisão expondo o principal argumento da defesa:

> A acusação é simples e assustadora, e já desencadeou uma nova onda de debates acalorados sobre o caso O. J. Simpson. A alegação da defesa, que veio a público hoje em duas revistas respeitadas, foi a seguinte: 'O. J. Simpson foi vítima de uma armação. Foi incriminado como assassino por um policial racista que plantou uma das famigeradas luvas manchadas de sangue na mansão de Simpson.' (GIUSTI, 2018, p. 51)

A linguagem assertiva utilizada por Larry King colabora diretamente para cumprir o papel midiático de formar opiniões. Essas, eram corroboradas pelos conflitos raciais que marcam a história dos Estados Unidos e pelos Tumultos de Los Angeles de 1992, ainda muito vivos na memória dos californianos. Essa estratégia, sabiamente adotada pelos advogados de O. J., apresenta um forte apelo subjetivo e desmonta a lógica silogística proposta por Reale, à medida que amplia o valor em detrimento da norma.

Considerações finais

Em suma, percebe-se que o Caso O. J. Simpson foi vastamente explorado pelos meios de comunicação, seja pela fama do réu ou pelos debates que o crime como um todo suscita. O Julgamento do Século, até nos dias atuais, gera discussões acerca do veredicto final e dos eventos que marcaram todo o processo, especialmente no que tange à influência que os fatores metajurídicos tiveram na decisão do júri.

A unanimidade exigida pelos tribunais californianos para a condenação do réu foi muito explorada pelos advogados de defesa. Nesse sentido, as evidências contundentes apresentadas pela promotoria foram postas à prova constantemente, com o intuito de criar dúvidas perante aos jurados. Assim, é possível frisar o quão competente foi a defesa em explorar as falhas na atuação do LAPD e as feridas raciais ainda tão profundas na sociedade estadunidense.

A absolvição de O. J. era vista naquela época, sobretudo pela população negra, como necessária para transmitir uma mensagem de resistência, por parte dos afroamericanos, quanto ao racismo e à violência policial. No entanto, essa mensagem não foi de fato efetiva, pois como explicitado pelo promotor Christopher Darden, no último dia de julgamento, a absolvição de O. J. não resultaria no fim do descaso do Estado para com a população negra, posto que esse é um problema muito mais profundo.

Este caso seguiu um padrão de comportamento midiático peculiar, que vem se tornando cada vez mais comum na atualidade. Com o advento e a evolução dos meios de comunicação, o fenômeno da espetacularização do crime se faz amplamente presente nas diferentes sociedades, gerando discussões acerca de até que ponto a influência da imprensa e da opinião pública podem interferir nos julgamentos. Como exposto, na ação penal contra Simpson, a mídia foi de grande influência no processo como um todo, não apenas como a consequência de uma sociedade do espetáculo, mas como um instrumento usado com sucesso pela defesa do réu, que soube manipular as informações e desenvolver uma narrativa que comovesse o povo e favorecesse suas ambições naquele caso.

O Julgamento do Século, apesar das controvérsias que o permeiam, permanece até os dias atuais como um caso importante justamente pelos questionamentos que o desenrolar do processo judicial proporcionaram. Hoje, 25 anos depois do assassinato de Nicole e Ronald, o caso O. J. ainda inspira a produção documentários, livros e séries que buscam revelar a "verdade" ou dramatizar o julgamento, trazendo à tona as mesmas emoções vividas pela população estadunidense ao longo dos onze meses de julgamento.

Por fim, conclui-se que a mídia exerceu, de forma nunca antes vista, um papel relevante. As manchetes sensacionalistas, a reprodução de áudios e as diversas entrevistas dadas pelas testemunhas ou pelos advogados envolvidos chocaram a população dia após dia, criando, assim, uma atmosfera dramática e surreal.

Referências

FACHIN, Luiz Edson. Mídia e poder judiciário: entre transparência e coerência - ideias para um ensaio preliminar. **Revista USP**, Brasil, n. 101, p. 121-128, mai. 2014. Disponível em: www.revistas.usp.br Acesso em: 2 nov. 2019.
GARAPON, Antonie. **O juiz e a democracia: o guardião das promessas**. Rio de Janeiro: Revan, 1952.
GIUSTI, Gilberto. O.J. Simpson. *In*: NEVES, José Norberto de Castro (org.). **Grandes julgamentos da história**. Rio de Janeiro: Nova Fronteira, 2018.
KARNAL, Leandro [et al.]. **História dos Estados Unidos: das origens ao século XXI**. São Paulo: Contexto, 2007.

MAGGIE, Yvonne. O.J. Simpson, o julgamento do século. **G1**, 2019. Disponível em: g1.globo.com. Acesso em: 2 de nov. de 2019

NUCCI, Guilherme de Souza. **Tribunal do júri**. 6 ed. Rio de Janeiro: Forense, 2015.

PINTO, Gabriel Victor Rodrigues; CORTEZ, Thaís do Nascimento. A mídia televisionada como fator metajurídico do processo decisório judicial. Natal: **Revista de filosofia do direito, do Estado e da sociedade**, v. 10, n. 1, p. 102-119, jan./jun. 2019

REALE, Miguel. **Teoria tridimensional do direito.** São Paulo: Saraiva, 1994.

BILL of Rights: A Transcription. **National Archives**, 2019. Disponível em: <https://www.archives.gov/founding-docs/bill-of-rights-transcript>. Acesso em: 2 de nov. de 2019.

CONSTITUTION of the United States: A Transcription. **National Archives**, 2019. Disponível em: <https://www.archives.gov/founding-docs/constitution-transcript>. Acesso em: 2 de nov. de 2019.

TOOBIN, Jeffrey. **American crime story: o povo contra O.J. Simpson.** Tradução de Lucas Magdiel. Rio de Janeiro: Darkside Books, 2016. *E-book.*

O Tribunal de Nuremberg e o papel exercido pelos advogados de defesa

Joelha Luiza Barros Brant
Lívia Santos e Amorim
Samira Rodrigues dos Reis

O Tribunal de Nuremberg teve suas origens a partir dos episódios dramáticos da Segunda Guerra Mundial. Inegavelmente, diante do genocídio praticado pelos alemães, o mundo clamava por justiça. Insta evidenciar que a Segunda Grande Guerra, que possui como marco inicial a invasão alemã na Polônia no dia primeiro de setembro de 1939, apresenta como sustentáculo o espírito de revanche da Alemanha nazista que, além de ter perdido a Primeira Guerra, foi obrigada a assinar o Tratado de Versalhes. Constata-se que a derrota militar, somada a assinatura do mencionado tratado, que reunia termos reputados como ultrajantes pelos alemães, fomentaram a radicalização da sociedade alemã, bem como o crescimento do intitulado sentimento de revanche. Nesse diapasão, o mundo ficou dividido para lutar na guerra. À vista disso, detecta-se a formação das Potências do Eixo, a saber a Alemanha, a Itália e o Japão. Por outro lado, situavam-se os Aliados, grupo em que se nota a aliança entre da União Soviética, Inglaterra, França e Estados Unidos.

Cumpre notabilizar que a Alemanha de Hitler cometeu inúmeras atrocidades durante o período em que se deu o confronto, com a proposta de purificar e manter a Alemanha livre do que o líder nazista concebia como ameaças ao seu desenvolvimento. Assim, milhares de pessoas foram mortas, como judeus, ciganos e deficientes. Urge ressaltar que a proposta de criar uma Alemanha ariana corroborou o maior genocídio da história dos povos. Nesse sentido, a Segunda Guerra Mundial durou cerca de seis anos, deixando milhões de mortos e feridos. Diante desse massacre, o mundo não esperava menos que uma punição severa aos responsáveis pelo holocausto. Nessa perspectiva, perante o genocídio cometido pela Alemanha, os países Aliados permaneceram unidos para lutar pela punição dos crimes cometidos no transcurso da Segunda Guerra, o que faz deste o principal motivo para o surgimento do Tribunal de Nuremberg, também conhecido como Tribunal Militar.

Isto posto, finda a Segunda Guerra Mundial, surge à indagação, mormente por parte dos países vitoriosos, sobre a situação concernente aos responsáveis pelas atrocidades cometidas no transcorrer dos seis anos da referida guerra. Nesse plano, ganham destaque os intitulados crimes contra a humanidade. Destarte, mediante o acinte aos direitos naturais, a saber, o da liberdade, propriedade, segurança e resistência do ser humano à opressão, somado ao desrespeito aos demais direitos do homem, emerge a necessidade de punição a estes crimes. Evidentemente, o objetivo era que houvesse uma reparação, isto é, uma reafirmação do valor humano.

Com efeito, historicamente, os primeiros a se manifestarem a favor de uma punição à violência cometida foram os próprios países europeus, sobretudo aqueles que haviam sido ocupados pela Alemanha durante o transcorrer da guerra e cujos governos foram obrigados a agirem, na medida do possível, no exílio. Destacam-se, nesse sentido, os esforços da Polônia e Tchecoslováquia, notabilizados por meio de declarações públicas que destacavam a morte de sua população civil e destruição de sua infraestrutura, como forma de apelo a que os Aliados iniciassem o processo de punição de tais agentes nazistas.

No âmbito dessas considerações, a princípio, o Tribunal Militar foi instituído pelos Aliados – União Soviética, França, Estados Unidos e Inglaterra – e, para tanto, contaram com o apoio de outros países que pleiteavam a condenação dos culpados pelo holocausto. Patentemente, a união de várias nações foi fundamental para a obtenção de justiça pelas mais de seis milhões de vítimas do regime arbitrário de Hitler que, sem nenhum fundamento lógico, dissipou a vida de muitos inocentes. Desse modo, evidencia-se que a existência de Nuremberg não foi pacífica, o que se comprova pelas inúmeras discursões de que foi alvo, que vieram a levantar, até mesmo, questionamentos sobre os possíveis direitos dos acusados.

Necessário se faz abordar que, em outubro de 1943, surgiu a primeira ideia de se punir os alemães responsáveis pelas crueldades cometidas na Segunda Guerra Mundial. Essa intenção surgiu durante a Conferência de Moscou, notadamente com a Declaração de Moscou. Conquanto, a mencionada declaração era muito vaga, em virtude do medo que imperava de que os aliados capturados pelos alemães corressem risco mediante essa tentativa de punição. Nesse âmago, a evolução da guerra e a liberação de nações ocupadas por nazistas contribuiu para fomentar tais intenções de punição, haja vista que foram revelados, de maneira veemente, os horrores praticados pelos líderes do Terceiro Reich. Dentre tais crueldades, destacam-se os campos de concentração, os testemunhos dos prisioneiros, seja de guerra ou civis, que ressaltavam as barbaridades das quais foram vítimas, além de assassinatos e maus tratos. Ademais, soma-se a tal panorama a infraestrutura dos países destruída.

É notório que os britânicos e soviéticos posicionaram-se a favor da execução dos líderes e autoridades do Terceiro Reich. Conquanto, os norte-americanos defendiam, apesar de não haver um consenso, uma solução jurídica por meio de um tribunal internacional, que acabou prevalecendo. Apesar da oposição soviética a um tribunal, em oito de agosto de 1945, na Inglaterra, os governos dos Estados Unidos da América, do Reino Unido da Grã-Bretanha e Irlanda do Norte, da União das Repúblicas Socialistas Soviéticas e República Francesa assinaram a chamada "Carta de Londres" que inaugurou o Tribunal Militar Internacional, isto é, o Tribunal de Nuremberg. Nesse ínterim, a base organizacional, os limites de sua jurisdição, bem como detalhes e procedimentos dos julgamentos, foram decididos pelas quatro potências supracitadas, com a ressalva de que não se limitaram a sua jurisdição interna. Em síntese:

> Foi a formação inédita de um tribunal militar internacional para julgar o alto escalão nazista por crimes de guerra e contra a humanidade durante a 2a Guerra Mundial. Os procedimentos duraram 315 dias (de novembro de 1945 a outubro de 1946) e aconteceram no Palácio da Justiça de Nuremberg, na Alemanha. A cidade, que simbolizava um dos bastiões nazistas, foi escolhida pelos aliados para desmistificar a aura do regime de Adolf Hitler. (SUPERINTERESSANTE, 2012).

Convém ressaltar que, em 20 de novembro de 1945, durante a primeira sessão pública do Tribunal de Nuremberg, seu Presidente, Sir Geoffrey Lawrence, ressalta a originalidade do tribunal na história da jurisprudência, revela, ainda, sua extrema importância para milhões de pessoas no mundo. Ademais, ratificou que todos deviam tomar responsabilidade no julgamento, sem que imperasse o medo ou favorecimento, mas, ao contrário, devia-se observar a lei e a justiça. Exorta, desse modo, a todos para que zelem pelo julgamento, com o fito de que não se afastem de princípios e tradições que dão autoridade à justiça nas nações civilizadas.

Deve-se abordar, ainda, que julgamento durou trezentos e quinze dias, de maneira que, durante esse período, os vinte e dois acusados foram submetidos a intensos questionamentos sobre o holocausto. Ressalta-se que Tribunal Militar foi responsável pela introdução do direito internacional, que teve como base princípios elaborados de modo exclusivo para essa corte, com papel fundamental de julgar os crimes cometidos durante a Segunda Guerra. Além disso, houve também a condenação dos médicos que participaram do regime e utilizaram as vítimas como cobaias de experimentos desumanos e cruéis, que causaram deficiências e mortes dolorosas a milhares de indivíduos. Novamente, Nuremberg inovou na ordem jurídica ao criar um Código específico para a punição desses médicos.

Por outro lado, o papel dos advogados foi de suma importância para a defesa dos acusados, haja vista que sua condenação era quase certa, devido às circunstâncias em que se encontravam. Nesse viés, uma defesa contundente poderia fazer toda diferença, por exemplo, na diminuição da pena de um réu. Destarte, cada acusado teve direito a um advogado de defesa, embora alguns tivessem optado por se defenderem sozinhos.

É peremptório abordar que o Tribunal Militar Internacional objetivava julgar vinte e quatro dos grandes líderes do Terceiro Reich, acusados de crimes de guerra, contra a paz, contra a humanidade e crimes de conspiração. Salienta-se que um aspecto em relevo é o caráter de exceção do referido Tribunal, formado para julgar e condenar derrotados de guerra e composto pelos próprios vencedores. Isto posto, apesar das numerosas críticas constatadas, é evidente também as defesas em favor do Tribunal de Nuremberg com fulcro no argumento de que este é revestido de legalidade, porquanto foi concebido para preencher a lacuna da lei e criar um sistema que possibilitasse a repressão e punição dessas condutas que, entrementes, foram ignoradas pelo Direito até então.

É inquestionável a exclusividade nos julgamentos, mediante a constatação de que os crimes julgados restringiam-se aos cometidos na Segunda Guerra Mundial, não se alongando, portanto, no tempo ou espaço, a sua jurisdição. Nesse viés, urge ressaltar o artigo 1º da Constituição do Tribunal Militar Internacional que dispõe sobre a competência do mesmo em julgar e punir somente os "criminosos de guerra principais do Eixo europeu". (Estatuto do Tribunal Militar Internacional de Nuremberg, 1945).

Nesse contexto, um grande impasse referente ao Tribunal de Nuremberg assenta-se nos princípios básicos da lei penal, em destaque o da legalidade e o da anterioridade da lei penal, esclarecida pelo brocardo: "Não há crime, não há pena sem lei anterior." Sem embargo, esse princípio foi suavizado pelas legislações penais da época, como também anteriores e posteriores a este período. É notório que os próprios nazistas flexibilizaram o seu Código Penal em 1935 nesse sentido de permitir a punição de qualquer fato consoante princípios fundamentais do Direito Penal e os chamados "sentimentos do povo".

A Jurisdição internacional do Tribunal de Nuremberg

A finalidade do Tribunal de Nuremberg foi à punição dos responsáveis pelas atrocidades cometidas durante a Segunda Guerra Mundial. Nessa senda, a criação de princípios norteadores de sua atuação foi de suma importância para a concretização do objetivo em questão. Com efeito, a elaboração destes princípios ocorreu pelo Estatuto do Tribunal de Nuremberg, durante o Acordo de Londres de 1945. Desse modo, as leis e procedimentos que foram adotados em Nuremberg partiram das nações aliadas, por meio da Carta de Londres, que foi lançada oficialmente em oito de agosto de 1945.

A União Soviética, os Estados Unidos e as Nações Unidas sempre demonstraram a intenção de que os crimes cometidos pela alta cúpula nazista e de seus membros recebessem uma punição justa. Todavia, em alguns pontos, a Carta de Londres apresentou contradições, haja vista que as punições contra as organizações criminosas citadas na referida carta atingiriam lideranças dos Aliados, a exemplo de Josef Stálin que poderia ser acusado por crimes de guerra, assim como outros participantes da Segunda Guerra que lutaram contra os nazistas, o que seria contrário ao fito do Tribunal.

Outra questão que gerou controvérsias sobre Nuremberg diz respeito às alegações de que os acusados estavam sob ordens superiores e, por essa razão, a culpa não poderia recair sobre eles. Nesse sentido, os réus afirmavam que não poderiam ter negado o cumprimento das ordens recebidas, posto que seria uma afronta ao regime nazista. Declararam que, caso declinassem naquela oportunidade ao cumprimento de tais determinações, também seriam punidos, por sua vez, pelo governo alemão. Contudo, estas alegações não surtiram efeito. Ante o exposto, é válido frisar que a função precípua do Tribunal Militar era o julgamento dos oficiais nazistas pelos crimes cometidos contra a paz e a humanidade durante a Segunda Guerra Mundial. Ainda que as organizações que colaboraram com genocídio, como a Schutzstaffel (SS), fossem definidas como criminosas, os julgamentos dos acusados ocorreram de maneira individual.

Outro fator relevante é que Tribunal de Nuremberg foi composto com representatividade proporcional entre os países que assinaram o acordo, com a importante característica de que foi escolhido um juiz de cada uma dessas quatro nações. Nessa conjuntura, foi nomeado Francis Biddle representando os Estados Unidos. Nomeou-se também sir Geoffrey Lawrence como representante da Grã-Bretanha. A H. Donnedieu de Vabres coube representar a França, além do Major-General I. T. Nikitchenco, da União Soviética. (SANTOS, 2015). Assim propunha, então, o artigo 2° da Constituição do Tribunal Internacional Militar:

> O Tribunal consistirá de quatro juízes, com um substituto cada. Um juiz e um substituto deverão ser indicados por cada um dos Signatários. Os substitutos deverão, quando possível, estar presentes em todas as sessões do Tribunal. Em caso de enfermidade de qualquer juiz do Tribunal ou sua incapacidade, por qualquer outra razão, de cumprir com suas funções, seu substituto tomará seu lugar. (ZOCOLER, 2013).

No entanto, não havia a exigência de que tais juízes fossem especialistas em Direito Penal ou Internacional. Ademais, a escolha dos juízes não poderia ser questionada pelos promotores, ou mesmo pela defesa dos réus, conforme dispõe o artigo 3° da Constituição do Tribunal Militar Internacional: "O Tribunal, seus juízes e seus substitutos não serão objeto de discussão pela acusação, pelos réus ou por seus advogados." (ZOCOLER, 2013). Observa-se que um dos principais nomes dentre os juízes foi Robert H. Jackson que auxiliou na idealização do Tribunal e exerceu papel singular na condenação dos réus.

No que cinge aos julgamentos, decorreram durante dez meses em quatrocentas e três sessões públicas. Isto posto, havia um grande sistema de tradução dos textos para que todos entendessem as sessões, haja vista a grande quantidade de línguas estrangeiras envolvidas. É válido salientar que foram vinte e quatro pessoas indiciadas, não obstante, somente vinte e duas delas julgadas. As duas exceções foram Robert Ley, antigo Chefe do Corpo Alemão de Trabalho, que suicidou na prisão, e Gustav Krupp, cuja debilitada saúde mental foi determinante para sua retirada do julgamento. (CARVALHO, 2017).

Inegavelmente, foram centenas de testemunhas e milhares de documentos analisados. Como dito, para que todos entendessem sobre o que estava sendo tratado, foi criado um sistema de tradução simultânea que, posteriormente, foi usado na maioria dos grandes eventos internacionais. Ademais, não havia júri, a própria Corte tomava as decisões e dava os veredicros. No entanto, os juízes e promotores tiveram alguns problemas. Em primeiro plano, o tribunal era formado por países vencedores, com isso, a Alemanha suspeitava de que não passava de um teatro formado por Estados Unidos, França, Inglaterra e União Soviética. Resumidamente, havia a suspeita de que não era um julgamento justo, isto é, imperava a ideia de que não passava de uma vingança.

Em segunda análise, os julgadores lidavam com crimes inéditos no Direito Internacional e até no Direito Penal. Com efeito, o terceiro problema diz respeito ao medo pela possibilidade de impunidade, uma vez que Hitler e Goebbels já haviam fugido de Nuremberg, Krupp também tinha ficado de fora dos julgamentos. O medo era de que, assim como as supramencionadas figuras, os réus pudessem escapar também, através de absolvições ou penas brandas.

Apesar de os promotores e juízes serem representantes de seus respectivos países, não eram manipulados por eles, isso se comprova pelo fato de que algumas vezes tomavam decisões que contrariavam seus governantes.

Constata-se que todos os réus tinham direito a advogado de defesa. É notório que, mesmo que a sua atuação fosse limitada, não ocorreu apenas de forma simbólica. Além disso, o serviço dos advogados era restrito, não podendo contar com uma equipe de trabalho e tendo pouco tempo para trabalhar em cada caso, e com grandes volumes de documentos. Desse modo, preparavam-se de forma improvisada para as sessões. O principal argumento usado por eles é de que seus clientes não deviam ser punidos já que, quando cometeram os crimes, estes ainda não eram considerados atos criminosos, o que é chamado de juízo *ex post facto*, ou seja, após o fato.

No âmago dessas considerações, os recursos de testemunhas foram pouco utilizados se comparados a outros tribunais do mesmo tipo. Com isso, os sobreviventes dessa época foram pouco escutados, de modo que prevaleceu o uso de material escrito. Inegavelmente, um fator que dificultava a execução do Tribunal era o ego e a arrogância entre os juízes e promotores.

Princípios e definições utilizados pelo Tribunal de Nuremberg

Os princípios do Tribunal Militar foram reconhecidos pelo Direito Internacional mediante a Resolução nº 95 (I) da Assembleia Geral das Nações Unidas, de 11 de dezembro de 1946. Ademais, foi o primeiro tribunal penal internacional. No limiar desse contexto histórico, foi instituído a fim de julgar e penalizar os crimes cometidos durante a Segunda Guerra Mundial, com o propósito de impedir a impunidade dos responsáveis com posições privilegiadas, como cargos de posto de comando sob o aval estatal.

Sob essa perspectiva, foram elaborados seis princípios éticos fundamentais para o julgamento dos acusados, sendo eles: A culpabilidade individual atua como critério de responsabilidade penal por ação considerada crime pelo direito internacional; Não há dependência entre lei interna e responsabilidade penal internacional; A responsabilidade penal internacional não pode ser afastada devido à posição oficial ou imunidades; A submissão hierárquica não pode ser usada como excludente de culpabilidade pelo cumprimento de diretriz superior; O processo legal deve ser uma garantia a todo acusado; A legalidade – com a elucidação jurídica dos crimes internacionais dispostos em tratados. (PORTELLA JR., 2016).

Tais princípios foram primordiais para um julgamento rigoroso que impediu a impunidade perante a possibilidade de defesa dos réus de acusações que pesavam contra si com a utilização de argumentos, por exemplo, fundados em alegações de submissão hierárquica. Vale ressaltar que os seis princípios serviram de parâmetro para a criação do Estatuto de Roma, que é de grande relevância no cenário internacional.

Outrossim, no período em que foi realizado o julgamento várias polêmicas ficaram expostas, mas esse fato não impediu que posteriormente o Tribunal de Nuremberg fosse considerado como o marco do Direito Internacional e também para que fosse estabelecida uma Corte Internacional Permanente. Além disso, outro fato inédito foi que os vencedores da guerra julgavam os perdedores, ocasião que não havia ocorrido até então.

O Tribunal de Nuremberg contribuiu de maneira significativa para o desenvolvimento de fontes legais do direito internacional. A corte Internacional Permanente - também denominada de Corte de Haia ou Tribunal de Haia - foi estabelecida em 1946 sob o domínio da Organização das Nações Unidas (ONU), cujo principal fundamento seria de julgar Estados. Outro marco em âmbito internacional foi a Corte Penal Internacional, também conhecido como Tribunal Penal Internacional, que teve sua criação aprovada pelo Estatuto de Roma em 1998 e passou a atuar em julho de 2002, com caráter permanente, cujos quatro principais objetivos assemelham-se aos de Nuremberg. São eles: o julgamento de indivíduos por crimes de guerra, delitos contra a humanidade, genocídio e também crimes de agressão. O princípio central desse tribunal é de complementariedade e subsidiariedade.

Deve-se abordar, também, que artigo 6º da Constituição do Tribunal Internacional Militar dispõe que serão julgados os crimes cometidos por pessoas que agiram em prol dos interesses dos países do Eixo, sejam em separado ou como membros de alguma organização, pelos seguintes crimes: Crime de Conspiração ou Plano Comum, que constituía a Acusação Número Um; Crimes conta a Paz, definida como Acusação Número Dois; Crimes de Guerra, isto é, Acusação Número Três; Crimes contra a Humanidade, que é a Acusação Número Quatro. (ZOCOLER, 2013). É impreterível, portanto, distinguir cada um desses crimes.

Em primeira análise, entende-se por crime de conspiração aquele cometido por duas ou mais pessoas físicas no intento de lesar alguém em algum momento. Com efeito, não se constata um limite de pessoas para configurarem tal crime e, em alguns países, não há a exigência de se comprovar que o plano seria posto em prática para que se tenha uma acusação formal.

Em seguida, na acusação número dois, os crimes contra a paz se referem em específico a planejar, preparar, iniciar ou mover uma guerra que vá lesar tratados internacionais, acordos ou compromissos firmados, como também participar de conspiração para se chegar aos crimes anteriores.

Posto isto, os crimes de guerra consistem na violação de leis e costumes presentes no período de guerra, que incluem, entre outros, assassinatos, maus-tratos e mesmo deportação para fins de se escravizar alguém ou outros propósitos, de civis em território ocupado. Incluem-se também, assassinatos e maus-tratos cometidos contra prisioneiros de guerra, pessoas ao mar ou reféns. Ademais, a destruição da propriedade pública ou privada que configurem destruição frívola e não justificada por alguma necessidade militar são exemplos de crime de guerra. Esta acusação não encontrou problemas, já que vinha sendo codificada juridicamente desde o século XIX.

Os crimes contra a humanidade são atos desumanos cometidos contra populações civis que compreendem assassinatos, extermínios, deportações, escravidão e perseguição de um determinado grupo étnico, religioso ou político com o desígnio de eliminar sua população e mesmo suas ideologias. Expurgos e genocídios são passíveis de julgamentos por tal crime.

A atuação dos advogados de defesa durante os julgamentos

Conforme se consta, o trabalho dos advogados foi extremamente difícil, devido à situação de seus clientes, ao fato de o Tribunal ter sido constituído para realmente condenar o alto comando nazista e a dificuldade no acesso a provas. Em resumo, eram advogados em um tribunal de vencedores defendendo os vencidos. Nesse contexto, é evidente que a atuação desses profissionais foi determinante para a diminuição das penas ou mesmo para inocentar seus clientes. Rudolf Hess, um dos acusados, no entanto, negou advogado e declarou que se sentia perfeitamente bem em defender-se.

Nesse viés, o promotor Robert Jackson, representante dos Estados Unidos, iniciou suas acusações contra os réus em 1945 com documentos comprometedores com base nos quais denunciou a tirania nazista e defendeu uma solução adequada do Tribunal, porquanto a população civil clamasse que as força do mesmo se colocassem a favor da paz, para que todos pudessem viver com liberdade sem sofrerem limitações de ninguém. Com efeito, no final, reuniu-se um grupo de advogados aprovado pela própria Corte. Destarte, os réus podiam escolher um desses advogados para defendê-los ou solicitar um nome a Corte. O critério utilizado para a escolha dos nomes dos advogados foi terem sido e serem antinazistas ou permanecido em posição de neutralidade e mesmo de frieza durante a Segunda Guerra no que cinge ao nazismo. Em sua maioria, esses advogados responsabilizaram os réus pela sua própria desgraça e de seu país.

Os promotores e juízes eram escolhidos para representar cada um dos quatro países que formavam o Tribunal (Estados Unidos, França, Inglaterra e União Soviética). Desse modo, os promotores eram responsáveis por elaborar as denúncias e conduzir as acusações, a citar, Robert H. Jackson: escolhido pelos Estados Unidos, procurador-geral e juiz da Suprema Corte; Sir Hartely Schawcross: escolhido pela Inglaterra era também procurador-geral, mas ele comparecia poucas vezes em Nuremberg, sendo substituído por Sir David Maxwell-Fyffe, subprocurador geral, o real representante da promotoria inglesa; François De Menthon: escolhido pela

França era procurador-geral e ex-ministro da Justiça na França; Roman Rudenko: escolhido pela União Soviética, general do Exército Vermelho, promotor na URSS e comandante do Campo Especial N.º 7 da NKVD, localizado antigo campo de concentração de Sachsenhausen. (SANTOS, 2015).

Os promotores tinham um grupo de ajudantes, responsáveis por coletar provas e documentos por toda Europa. Ainda assim, os promotores se dividiam para a solução dos casos: os norte-americanos ficavam responsáveis pelos crimes de conspiração, os ingleses ficavam com os crimes contra a paz, os soviéticos ficavam com os crimes de guerra contra a Europa Oriental, os franceses eram responsáveis pelos crimes de guerra contra a Europa Ocidental.

Por outro lado, havia também os advogados defesa, geralmente eram alemães e faziam parte de uma lista pré-estabelecida pelo Tribunal, mas também poderia ser uma escolha pessoal feita pelos próprios réus.

Alguns dos advogados escolhidos pelo Tribunal: Otto Stahmer (advogado de Göring), o professor Fritz Sauter (advogado de von Ribbentrop, Funk e von Schirach), o penalista Franz Exner (advogado de Jodl) e o major Robert Servatius (advogado de Sauckel e, posteriormente, advogado de Adolf Eichmann no seu julgamento em Israel em 1962). (PAULO FILHO, OAB).

Para que se entenda como funcionava o Tribunal de Nuremberg, é necessário o conhecimento de alguns dos acusados e suas penas. O primeiro deles é Hermann Göring, o mais importante réu de Nuremberg, presidente do Reichstag, comandante da Luftwaffe, chefe do Plano Quadrienal, sucessor político designado pelo próprio Hitler e Reichsmarshall (Marechal do Reich – cargo criado especialmente para ele). Göring fugiu de Berlim e enviou a Hitler um rádio telegrama, que Bormann interceptou, pedindo informações sobre o führer, a fim de saber se ele estava vivo e capaz de dar ordens ainda. Receberia a resposta até a noite, caso contrário, tomaria o poder para o bem do povo e da pátria. Bormann avisou Hitler sobre a ameaça de traição. A resposta que Göring recebeu foi diferente da esperada, Hitler exigia sua prisão. Seu advogado no Tribunal de Nuremberg era Otto Stahmer.

Rudolf Hess foi um dos primeiros membros do Partido Nazista, ocupou a vice-liderança do Partido Nazista e foi secretário pessoal e amigo íntimo de Hitler. Ficou preso por sete meses e meio por participar do Golpe da Cervejaria, por meio do qual Hitler objetivava tomar o poder da Baviera. Foi condenado à prisão perpétua, mas não cumpriu, pois suicidou. Seu advogado era Gunther von Rohrscheidt. Nota-se que era acusado de conspiração, crimes de guerra, crimes contra a paz e contra a humanidade e que se considerava também inocente. No início do julgamento surgiram dúvidas acerca de sua faculdade mental.

Karl Dönitz foi chefe dos submarinos alemães, chefe da marinha alemã e sucessor de Hitler como novo presidente da Alemanha após sua morte. Realizou guerra submarina por causa da quebra do Tratado Naval de 1936 e recebeu sentença de 10 anos de prisão. Com efeito, foi acusado de conspiração, crimes contra a paz e crimes de guerra, porém, declarava-se inocente. O advogado que o defendia era Otto Kranzbuhler. Ele foi absolvido na primeira acusação, mas o Tribunal pôde sustentar contra ele, ainda, o crime contra a paz, posto que a seu comando os navios de guerra alemã abateram não só soldados aliados, como também tribulação de embarcações neutras. Isto posto, Dönitz foi também considerado culpado dos crimes de guerra.

Por sua vez, Albert Speer era Ministro dos Armamentos e responsável por toda a economia da Alemanha durante a guerra, principalmente pela utilização de trabalho escravo e a obtenção de matérias-primas dos países ocupados. Cometia maus tratos a milhões de trabalhadores escravos, por isso foi condenado a 20 anos de prisão. Nesse ínterim, foi acusado de conspiração, crimes contra a paz, crimes de guerra e crimes contra a humanidade e declarou-se também inocente de todas as acusações. Seu advogado foi Rudolf Dix. É válido ressaltar que havia provas suficientes de seu envolvimento com trabalhos forçados, que atingiu milhões de pessoas, e tinha ele o poder de exigir de figuras como Fritz Sauckel trabalhadores escravos para a indústria de armas. Assim, Speer cumpriu sentença em Spandau, Berlim.

Um dos absolvidos foi Hans Fritzsche o qual a defesa, notabilizada pelo advogado Otto von Rohrscheidt, alegou e conseguiu provar que ele nunca esteve em evidência na perseguição ou extermínio de judeus e que houve dois casos em que ele tentou impedir a publicação de um jornal antissemita. Entendeu o tribunal que a propaganda de Fritzsche não incitou alemães a cometerem atrocidades.

Hans Frank foi indiciado por conspiração, crime de guerra e crimes contra a humanidade, mas manteve a alegação de sua inocência. Foi absolvido de conspiração por falta de provas e o advogado que o defendia era Franz Exner. Não obstante, os juízes consideraram-no culpado de deportar milhões de trabalhadores escravos para a Alemanha. Concluiu-se, também, que a oposição as suas práticas eram punidas de maneira violenta, sendo destacado o seu papel na perseguição de judeus. Devido também a outras complicações, foi condenado à pena de morte. (ZOCOLER, 2013).

Foram 23 acusados, sendo que três não eram médicos. Destes dezesseis foram declarados culpados, sete foram condenados à morte por enforcamento, cinco foram condenados à prisão perpétua e quatro condenados à prisão, sete foram absolvidos. A acusação alegava que o julgamento era de assassinato, não um assassinato comum, mas cometidos por pessoas que fizeram um juramento a Hipócrates - tido como o pai da medicina - de que não cometeriam o mal contra os seres humanos.

Considerações finais

Os eventos da Segunda Guerra Mundial foram devastadores para toda humanidade, milhares de pessoas inocentes foram exterminadas em prol de ideologias infundadas e errôneas, outras tantas seduzidas por discursos convincentes tornaram-se favoráveis a um regime totalitário e opressor. No âmago dessas considerações, o mundo clamava para que as barbaridades cometidas tivessem fim e isso ocorreu após seis longos anos. Malgrado em 1945 os horrores tivessem acabado, os povos precisavam da punição daqueles que colaboraram para o holocausto.

O Tribunal de Nuremberg era mais do que necessário, era uma obrigação e dívida com as vítimas da

Segunda Guerra e seus familiares. Entretanto, os advogados ainda conseguiram a absolvição de alguns acusados, o que certamente causou frustração para os idealizadores do Tribunal Militar. Não obstante, a liberdade de alguns não impediu a vitória dos aliados na corte que trouxe a justiça de que todos necessitavam, ainda que alguns acusados tivessem sido absolvidos, o mundo assistiu a alta cúpula nazista sendo punida por seus atos monstruosos. Nuremberg foi instituído para afirmar que crimes contra a humanidade jamais ficariam impunes.

  É elementar que se leve em consideração que em Tribunal Especial os médicos que contribuíram para o holocausto também tiveram seu devido julgamento, assim como os militares. Nesse sentido, a maior parte deles foi condenada conforme o objetivado. Neste caso, havia o agravante de que os profissionais da saúde deveriam lutar para salvar pessoas e não para cometer violações e causar sofrimento com justificativas sem fundamento. Inegavelmente, as penas severas reafirmaram que nem mesmo os médicos seriam imunes da culpa pelo genocídio cometido pela Alemanha nazista.

  A inovação no Direito foi capítulo importante para o desfecho de Nuremberg, a elaboração de Código e princípios próprios possibilitou que meras justificativas não impedissem uma condenação dos acusados, o Tribunal Militar foi e ainda é exemplo para o Direito Internacional, seu legado é bastante evidente para o mundo. As polêmicas ocorridas não conseguiram afastar a legitimidade da corte que triunfou diante das atrocidades nazistas.

Portanto, conclui-se, que o Tribunal de Nuremberg não cumpriu apenas com seu objetivo, mas inovou no cenário internacional para inspirar a ordem entre Estados de diferentes continentes. Ficou demonstrado que o valor e o respeito por cada ser humano são imensuráveis, não importando cor, raça ou etnia. Infelizmente, nem todas as atrocidades cometidas por regimes opressores serão punidas. Contudo, foi um grande avanço a instituição de um Tribunal Internacional que serviu de inspiração para o mundo.

Referências

BARRAL, Weber Oliveira. **Metodologia da pesquisa jurídica**. 4ª. ed. Belo Horizonte: Del Rey, 2010.
CABRAL, Danilo Cezar. **O que foi o julgamento de Nuremberg?**. Disponível em: super.abril.com.br/mundo-estranho/o-que-foi-o-julgamento-de-nuremberg/. Acesso em: 03 de Junho de 2019.
CARVALHO, Bruno Leal Pastor de. **O Tribunal de Nuremberg**: origens, desafios e significados. Café História, 2017. Disponível em: www.cafehistoria.com.br. Acesso em: 03 de Junho de 2019 às 22h05min.
CELESTINO, Tamires de Souza. **O Tribunal de Nuremberg**. Disponível em: www.conteudojuridico.com.br. Acesso em: 03 de Junho de 2019.
DINIZ, Maria Helena. **Dicionário jurídico universitário**. 3ª. ed. atualizada e aumentada. São Paulo (SP): Saraiva, 2017.
LONDRES. **Carta de Londres**. Disponível em: www.dhnet.org.br. Acesso em: 03 de Junho de 2019.
NUREMBERG. **Código de Nuremberg**. Julgamentos de criminosos de guerra perante os Tribunais Militares de Nuremberg, Lei do Conselho de Controle de 1949. Disponível em: https://www.ufrgs.br/bioetica/nuremcod.htm. Acesso em: 04 de Junho de 2019 às 15h25min.
NUREMBERG. **Estatuto do Tribunal Militar Internacional de Nuremberg**. Constituição do Tribunal Militar Internacional de Nuremberg, 1945. Disponível em: www.cruzroja.es. Acesso em: 04 de Junho de 2019 às 16h44min.
PAULO FILHO, Pedro. **O Tribunal de Nuremberg**. OAB São Paulo. Disponível em: www.oabsp.org.br. Acesso em: 03 de Junho de 2019 às 22h08min.
PORTELLA JR., José Carlos. **Princípios de Nuremberg e a justiça penal internacional**. Canal Ciências Criminais, 2016. Disponível em: https://canalcienciascriminais.com.br/principios-de-nuremberg-justica-penal/. Acesso em: 31 de Maio de 2019 às 14h32min.

ROLAND, Paul. **A vida secreta dos nazistas** (Título original: *Secret lives of the Nazis* .Tradução: Felipe C. F. Vieira). [S.l.]: Universo dos Livros. 2018.1ª. ed. Disponível em:
https://books.google.com.br. Acesso em: 03 de Junho de 2019 às 21h59min.
SANTOS, Henrique Paixão dos. **Breve relato sobre o Tribunal de Nuremberg**. Disponível em: henricatzo.jusbrasil.com.br/artigos/241910844 Acesso em: 03 de Junho de 2019.
VALÉRIO, Paloma Pirez. **O Tribunal de Nuremberg e o sistema jurídico internacional**. Âmbito Jurídico, Rio Grande, IX, n. 35, 2006. Disponível em: www.ambitojuridico.com.br. Acesso em: 31 de Maio de 2019.
ZOCOLER, Rafael Marcos. **O Tribunal Militar Internacional para a Alemanha – Tribunal de Nuremberg**. Jus.com.br, 2013. Disponível em: jus.com.br/artigos/25599. Acesso em: 03 de Junho de 2019 às 22h03min.

Olga Benário: uma abordagem jurídico-pragmática sobre a história da militante comunista

Camila Maria Alves Tolentino Gomes
Tabita Iza Marques Morais

O presente estudo tem como objetivo compreender a história de Olga Benário, visando analisar sua trajetória pessoal e também suas particularidades no âmbito jurídico. Nascida na Alemanha, Olga transitou também pela União Soviética e pelo Brasil, sendo que por todos os lugares que passava ela deixava marcada sua militância no que se refere à seus ideais comunistas.

Ao longo de sua vida, Olga buscou sempre agir de forma destemida e, devido a isso, tornou-se um dos nomes mais importantes na seara do estudo sobre o comunismo. Buzzar descreve um sentimento de desesperança durante o período em que Olga permaneceu nos campos de concentração ao dizer que: "Olga tenta rever no escuro de sua imaginação o olhar do marido, o calor do corpo de sua pequena Anita, seu sorriso... E chora. Há muito que não chorava. Sempre quis ser forte para desafiar o mundo" (1995, p. 19). Entretanto, a análise criteriosa dos materiais estudados aponta para a principal característica da militante: persistência. E foi com essa propriedade singular que Olga teve sua vida cerceada, porém deixando um importante legado relacionado à defesa enfática de ideais.

Do nascimento à juventude de Olga

Olga Benário, nascida em Munique, cidade localizada na Alemanha e capital do estado da Baviera, no dia 12 de fevereiro de 1908, possuía origem judia e era filha de Eugénie Gutmann Benário e Leo Benário. Seu pai era um jurista de renome na época e também membro ativo do Partido Social Democrata Alemão, sendo que defendia gratuitamente os operários e camponeses em relação aos abusos trabalhistas que essas pessoas sofriam. Ele buscava transmitir a Olga o ensinamento de solicitude com os mais necessitados e desejava que esta um dia ingressasse no partido a que era filiado. Porém, em decorrência desses ensinamentos passados pelo pai e o conhecimento da jovem sobre a miséria, foi que Olga resolveu se tornar comunista e, aos quinze anos, acabou ingressando na Juventude Comunista de Munique, na qual teve como primeira atribuição colar cartazes sobre o movimento e também pichar muros. (BUZZAR, 1995, p. 19).

Após seu ingresso no grupo, Olga intensificou seus ideais comunistas e começou a ter uma relação conflituosa com o pai, permeada de discussões, levando-a a ir trabalhar na livraria Georg Muller a fim de obter recursos para se manter de forma independente da família. Foi nessa livraria, pois, que conheceu Otto Braun, professor e escritor comunista, o qual foi seu primeiro amor. Dado o interesse de Olga em expandir sua militância para Neukölln, principal foco operário em Berlim na época, Otto a ensinou algumas táticas de estratégia militar. Como resultado desse interesse é que Olga foi aceita no Partido Comunista Alemão, que na época configurava-se como um movimento embrionário em expansão. Todavia, Leo Benário se posicionou contra a ida da filha à Berlim, o que ocasionou uma grande briga entre os dois. Porém, convicta de seus ideais, Olga não cedeu ao pedido do pai para que permanecesse e acabou se mudando de fato para Neukölln na companhia de seu companheiro Otto Braun, ambos em situação ilegal e se apresentando com novas identidades. Em Berlim, Olga recebeu formação ideológica em teoria marxista e também treinamento militar.

> "Depois de algum tempo, Olga foi eleita para a diretoria da Juventude Comunista da Alemanha. Organizava panfletagens e manifestações públicas, que eram sempre reprimidas pela polícia ou por grupos de jovens nazistas, fazia cursos de russo e taquigrafia, secretariava Otto Braun e também trabalhava como datilógrafa na Representação Comercial Soviética. Imaginava fantasiosamente os seus superiores como 'bolcheviques de aço'. E para o seu maior orgulho pertencia ao aparato ilegal de defesa de Neukölln, o Zentrale Abweh Apparat (Aparelho Central de Defesa)." (BUZZAR, 1995, p. 21).

Aos 18 anos, em outubro de 1926, Olga, juntamente com Otto, foi presa pela primeira vez. Ambos foram acusados de alta traição à pátria, porém, ela permaneceu apenas três meses em uma solitária de Moabit, onde foi submetida a uma série de interrogatórios, enquanto Otto Braun manteve-se privado de liberdade por um período de um ano e meio. Logo, no dia 11 de abril de 1928, às nove horas da manhã, Olga, com ajuda de alguns parceiros, invadiu a prisão de Moabit e resgatou Otto Braun, protagonizando uma audaz e ousada fuga. O resgate comandado por Olga foi noticiado em todos os jornais e logo toda a população local já estava informada sobre o acontecimento, sendo que dentre todos os participantes do ato libertário, apenas a jovem comunista foi identificada pela polícia.

> "À noite, no pequeno apartamento que a Juventude Comunista conseguira na rua Zieten para escondê-los, ao lado de seu namorado Otto Braun, Olga lia e relia o noticiário dos jornais e parava sempre na mesma expressão. De fato, ousadia era o único substantivo capaz de traduzir não apenas o que havia feito naquela manhã, mas o sentimento que movia a maioria dos adolescentes comunistas do bairro operário de Neukölln. Olhando para a rua através das cortinas do quarto à meia-luz, ela contemplava mais uma manifestação desse estado de espírito. Meia hora antes as tropas da polícia haviam percorrido a região, colando nos postes e muros o enorme cartaz que o promotor superior de Justiça da Alemanha mandara imprimir às pressas, oferecendo a recompensa de 5 mil marcos a quem desse informações sobre o paradeiro do escritor Otto Braun e da datilógrafa Olga Benario. Agora ela podia ver lá embaixo, na rua, o nanico Gabor Lewin e a agitada Emmy Handke, seus companheiros, arrancando todos os cartazes." (MORAIS, 1986, p. 3).

A polícia de Moabit logo cercou a cidade a procura de Olga e Otto, que estavam sob o amparo do Departamento de Ordem, que era um setor da Juventude Comunista responsável por proteger a corporação de ataques policiais e da direita. Essa seção foi encarregada de transferir os jovens de um local para o outro sempre que houvesse um iminente risco de prisão. A busca pelos foragidos se intensificava cada vez mais e as informações sobre eles tinham como recompensa valores significativos, porém não houve quem se prontificasse a colaborar com a investigação policial.

> "As sessões de cinema em Berlim passaram a ser precedidas, assim que as luzes se apagavam, da exibição de um *slide* reproduzindo o cartaz com as fotos de Olga e Otto e a oferta de 5 mil marcos a quem informasse sobre o paradeiro deles. O público, invariavelmente, explodia em aplausos para os dois jovens – e, invariavelmente, acendiam-se as luzes e o cinema era ocupado por grupos de policiais armados. Quando a escuridão retornava, começavam as vaias, os assovios e as bolas de papel voando. O que mais intrigava a polícia é que ninguém apareceu para candidatar-se a uma recompensa equivalente a dois anos de salário de um trabalhador." (MORAIS, 1986, p. 5).

Todavia, Otto e Olga ficavam mais expostos a cada dia que se passava, e a aproximação da polícia se tornava mais evidente. Isso culminou na fuga de ambos para Moscou, território soviético à época, sendo que eles se deslocaram de carro, sob a escolta dos membros do Departamento da Juventude, até a cidade de Stettin, que faz fronteira com a Polônia, e de lá embarcaram em um trem em direção a Moscou. Lá, houve uma eleição e Olga foi promovida para o Comitê Central da Juventude Comunista, em que tinha como uma de suas funções palestrar sobre sua liderança no evento ocorrido em Moabit. Após isso, foi convidada também a fazer parte de uma unidade do Exército Vermelho, no qual aprendeu a cavalgar e atirar. Devido seu desempenho, foi escalada para uma missão internacional em Paris, em que colaborou na escolha de novos dirigentes para a Comissão Executiva da Juventude. Porém, antes de embarcar para a França, Olga terminou seu relacionamento com Otto devido à confissão deste de estar tendo um caso com outra pessoa. (BUZZAR, 1995, p. 21- 22).

Em Paris participou de uma série de manifestações de rua, o que culminou na sua prisão. Entretanto, com a ajuda de comunistas belgas, Olga conseguiu fugir para a Inglaterra. Após retornar para Moscou, o Quinto Congresso da Juventude Comunista Internacional acabou nomeando-a como membro de seu Presidium, que configurava-se como o grau de hierarquia mais elevado dentro de uma entidade comunista, tendo como gratificação um treinamento de pilotagem de aviões na Força Aérea em uma Academia Militar. Foi em um desses treinos de vôo, pois, que

Olga acabou conhecendo a fama do revolucionário Luís Carlos Prestes. (BUZZAR, 1995, p. 22).

Missão de Olga no Brasil

A Coluna Prestes, comandada por Luiz Carlos Prestes, intitulado como o "Cavaleiro da Esperança", e por seu companheiro Miguel Costa, foi um movimento que reivindicava contra o autoritarismo do governo de Artur Bernardes. Essa campanha, que durou dois anos e seis meses, consistiu na realização de um percurso de aproximadamente 25 mil quilômetros, passando por 12 estados brasileiros, em que a tropa revolucionária deslocou, a pé e a cavalo, de São Luiz no Rio Grande do Sul até a Bolívia (MORAIS, 1986, p.46). Porém, apesar da inferioridade da tropa rebelde em relação à tropa do governo, a Coluna não sofreu nenhuma derrota pelos soldados do presidente Artur Bernardes, presidente este que agia de forma ditatorial quanto à repressão dos movimentos rebeldes. Ademais, o contingente populacional da Coluna Prestes, inicialmente, era de 620 pessoas, porém, ao passo em que iam entrando em contato com diversas comunidades durante o percurso, a quantidade de integrantes ia aumentando.

"Avançando como podia, a serpente humana ziguezagueava pelo país. Quando conseguiam potrear manadas de cavalos em alguma fazenda, os soldados de Prestes montavam por algumas semanas, ou meses. Se não encontravam cavalos, seguiam a pé. Se havia comida, comiam - porém, o mais comum era viajarem por dias com pouca água e quase sem comida, sustentando-se com farinha e rapadura. Inúmeras vezes o estoque de remédios da tropa era integralmente utilizado para atender às miseráveis populações encontradas pelo caminho. A tragédia das condições de vida das populações que a Coluna cruzava pelo interior horrorizava os comandantes, ambos nascidos em famílias da classe média: mesmo tendo convivido com a pobreza do Sul, defrontavam-se com um Brasil ainda mais faminto,

> miserável, atrasado. Ao ver criancinhas arrancando raízes do chão para fazer a única refeição do dia, Prestes se convencia ainda mais da necessidade de mudar a face daquele país." (MORAIS, 1986, p.10).

Após algum tempo vivido na Bolívia, Prestes decidiu transferir-se para Buenos Aires, visto que a Argentina, naquele período, possuía um clima mais democrático, e também por haver maior oferta de trabalho para os integrantes da tropa. Além disso, a Coluna Prestes, por ter tido bastante repercussão e impressionado vários opositores do governo brasileiro, dentre eles os comunistas, além de ter chamado a atenção de diversos revolucionários do mundo todo, levou Luís Carlos Prestes a ser convidado, pelo Partido Comunista brasileiro, para disputar nas eleições à presidente da república, o que não ocorreu. Após isso, ele foi preso em Buenos Aires e exilou-se em Montevidéu, onde acabou pedindo sua filiação ao Partido Comunista. Contudo, a direção do partido brasileiro não aceitou Prestes no grupo. Ademais, a cada dia que se passava, o líder revolucionário passava a acreditar mais veementemente que somente um levante popular poderia mudar as diretrizes do Brasil, sendo que foi permeado por esse pensamento que acabou aceitando o convite da III Internacional de se mudar, na companhia de sua família, para a União Soviética, embarcando para Moscou no dia 1º de outubro de 1931. (MORAIS, 1986, p.12-13).

Após sua chegada à União Soviética, Prestes foi contratado como engenheiro de uma instituição encarregada de fiscalizar obras de construção civil em todo o país. Ele, juntamente com sua mãe Leocádia e suas irmãs, enfrentaram certas dificuldades em decorrência do cenário existente naquele período, marcado pela vigência do primeiro plano quinquenal, existente desde 1928, que buscava alcançar uma planificação econômica, sendo que, para que a economia não se desestabilizasse, era necessária a imposição de um racionamento. (BUZZAR, 1995, p. 47).

  Em agosto de 1934, Dmitri Manuilski, secretário da III Internacional, ordenou, por meio de um telegrama enviado de Moscou, que Prestes fosse aceito no Partido Comunista brasileiro. Logo, houve a organização de uma festa, com o fito de comemorar a filiação de Prestes ao partido, no dia 7 de novembro, dia em que este totalizava três anos em que vivia na União Soviética. Porém, o que não era sabido pelos convidados da celebração é que o líder popular planejava retornar ao Brasil a fim de promover a primeira revolução comunista do país. Nesse contexto, a Komintern, comando da Internacional Comunista, convocou Olga Benário a escoltar Luís Carlos Prestes em seu regresso ao Brasil, com o objetivo de assegurar uma efetiva segurança pessoal deste.

> Olga e Prestes partiram de Moscou em dezembro de 1934. Foi um caminho longo, tortuoso e perigoso. Passariam por Helsinque, Estocolmo, Inglaterra, Bélgica, Paris e Nova York... E assumiriam a fachada criada pelo Komintern para que chegassem incólumes ao Brasil: os dois viajariam como um jovem e rico casal em lua-de-mel, Antônio Vilar, lisboeta de 40 anos, comerciante, e Maria Bergner Vilar, sua mulher. (BUZZAR, 1995, p. 23).

  Olga e Prestes, durante a viagem, pois, acabaram se envolvendo amorosamente, sendo que, o que antes era apenas um disfarce, passou a ser realidade. Após chegarem ao Brasil, eles logo começaram a se reunir com outros líderes comunistas a fim de organizarem a pretensa revolução popular. Porém, motivos como a ilegalidade da Aliança Nacional Libertadora, associação a qual Prestes era presidente de honra, e o apoio de alguns membros do exército, da marinha e da aeronáutica fizeram com que os revolucionários pensassem que a revolta viria a eclodir de forma antecipada.

Assim como presumiram, o levante eclodiu imprevisivelmente no dia 23 de novembro de 1935 na cidade de Natal, no Rio Grande do Norte. Após isso, a revolta acabou se estendendo para a cidade de Recife no Pernambuco. Nesse contexto, os idealizadores do movimento decidiram por não abandonar os revoltosos de Natal e Recife e optaram por deflagrar a revolução no Rio de Janeiro no dia 27 de novembro de 1935, ficando conhecida como Intentona Comunista.

> Começou então, violenta, a repressão. Muitos suspeitos de ter participado da revolta ou mesmo de ser simpatizantes do Partido Comunista foram levados para a prisão e para a tortura. A polícia política, comandada pelo Filinto Muller [sic], e Vargas queriam saber o paradeiro de Prestes e dos demais líderes da revolução. E o combate aos revolucionários ganhou a colaboração dos agentes do Intelligence Service, e também da Gestapo. (BUZZAR, 1995, p. 25).

Houve, então, uma intensa repressão à revolta comunista de 1935 no Brasil, sendo que diversos participantes foram presos e condenados à tortura. Olga e Prestes conseguiram fugir, transitando entre vários esconderijos, cabendo a ressalva de que havia a oferta de recompensas bastante significativas para quem delatasse Luís Carlos Prestes. Porém, em 5 de março de 1936, a casa em que Olga e Prestes estavam localizados foi cercada e eles acabaram sendo presos e levados para a sede da Polícia Federal.

Contexto histórico do *Habeas Corpus*

Durante o século XIII a Inglaterra vivia momentos de forte instabilidade política, sob o domínio de João Sem Terra. O rei dispôs uma série de medidas impopulares diante da população e dos barões, como por exemplo o aumento das taxas fiscais, prisões arbitrárias e repressão aos opositores. Após tais medidas e a derrota do rei em uma excussão militar contra a França, foi encontrada pelos barões a oportunidade de obrigar ao rei a assinar uma carta na qual se traçaria limites aos seus próprios poderes. Surge a Magna Charta Libertatus, outorgada pelo Rei João Sem Terra nos campos de Runnymed na Inglaterra em 15 de julho de 1215. Tem assim sua gênese o *habeas corpus*, que estabelecia a proteção à liberdade individual de locomoção. José Frederico Marques, Catedrático de Direito Judiciário Civil, afirma a respeito:

> a Magna Carta, imposta pelos barões ingleses, em 15 de junho de 1215, ao rei João Sem Terra, foi ato solene para assegurar a liberdade individual, bem como para impedir a medida cautelar de prisão sem o prévio controle jurisdicional (retro n. 923). O modo prático de efetivar-se esse direito à liberdade – como lembra Costa Manso – foi estabelecido pela jurisprudência: expediam-se mandados (writs) de apresentação, para que o homem (corpus) e o caso fossem trazidos ao tribunal, deliberando este sumariamente sobre se a prisão devia ou não ser mantida. Dos diversos writs, o que mais se vulgarizou foi o writ of habeas corpus ad subjiciendum, pelo qual a Corte determinava ao detentor ou carcereiro que, declarando quando e por que fora preso o paciente, viesse apresentá-lo em juízo, para fazer, consentir com submissão e receber – ad faciendum, subjiciendum et recipiendum – tudo aquilo que a respeito fosse decidido (1965, p.373).

Por outro lado, em 1821 surge no Brasil o primeiro registro histórico de um instrumento processual que se aparentava com o *habeas corpus*, mais especificamente na época do império, introduzido com a vinda de D. João VI, quando expedido o Decreto de 23 de maio de 1821, referendado pelo Conde dos Arcos.

> [...] como por este Decreto Ordeno, que desde a sua data em diante nenhuma pessoa livre no Brazil possa jamais ser presa sem ordem por escripto do Juiz, ou Magistrado Criminal do territorio, excepto sómente o caso de flagrante delicto, em que qualquer do povo deve prender o delinquente. Ordeno em segundo logar, que nenhum Juiz ou Magistrado Criminal possa expedir ordem de prisão sem preceder culpa formada por inquirição summaria de tres testemunhas, duas das quaes jurem contestes assim o facto, que em Lei expressa seja declarado culposo, como a designação individual do culpado; escrevendo sempre sentença interlocutoria que o obrigues a prisão e livramento, a qual se guardará em segredo até que possa verificar-se a prisão do que assim tiver sido pronunciado delinquente. (BRASIL, 1821).

O *habeas corpus* encontra-se também implícito na Constituição Imperial de 1824, na qual houve a proibição das prisões arbitrárias, nas codificações portuguesas, no Código Criminal do Império em 1830, e surge expressamente no direito pátrio no Código de Processo Criminal de 29 de novembro de 1832. Sendo assim, começa a ser desenvolvido com mais veemência a partir do Brasil República, em que ergueu-se como regra constitucional na Carta de 1891, introduzindo o instituto do *habeas corpus* pela primeira vez de forma expressa.

> Art 72 - A Constituição assegura a brasileiros e a estrangeiros residentes no País a inviolabilidade dos direitos concernentes à liberdade, à segurança individual e à propriedade, nos termos seguintes:
> § 22 - Dar-se-á o habeas corpus, sempre que o indivíduo sofrer ou se achar em iminente perigo de sofrer violência ou coação por ilegalidade ou abuso de poder. (BRASIL, 1891).

Vale ressaltar que a liberdade é o bem mais ponderoso do indivíduo e se encontra em realce nos valores tutelados pelo direito. *Habeas Corpus* é, pois, uma expressão latina com significado de "tome o seu corpo" e manifesta-se como importante meio processual na experiência jurídica brasileira a fim de defender o direito de ir e vir do cidadão. Sua natureza jurídica é uma ação constitucional de caráter penal e de procedimento especial, isenta de custas (CF, art 5º, LXXVII). Pode ser efetivo sempre que alguém sofrer ou se sentir ameaçado de sofrer violência, qualquer restrição ilegal ao direito de ir e vir livremente, e também por ilegalidade ou abuso de poder. Sintetizando, previne ou anula a prisão arbitrária, feita por motivos outros que não o exato cumprimento da lei. Trata-se de um dos remédios constitucionais, um instrumento que visa a garantia de um direito fundamental imprescindível para qualquer nação democrática e civilizada.

> A garantia do habeas corpus tem um característico que a distingue das demais: é bem antiga mas não envelhece. Continua sempre atual e os povos que a não possuem, a rigor não são livres, não gozam de liberdade individual, que fica dependente do Poder Executivo e não da apreciação obrigatória, nos casos de prisão, por parte do juiz competente. (FALCÃO, 1965, p. 295).

Referindo-se à uma ação penal popular, o *habeas corpus* pode ser impetrado por qualquer pessoa, nacional ou estrangeiro, sendo independente a capacidade política, profissional, civil, de idade, sexo, profissão, estado mental, pela própria parte, a seu favor ou de terceiros, e independente da presença de um advogado. É inquestionável a impetração de *habeas corpus* por estrangeiros em causa própria, uma vez que essa ação pode ser usada por qualquer pessoa, independente da sua origem nacional.

O *Habeas Corpus* no caso de Olga Benário

O processo de Olga Benário Prestes envolveu questões jurídicas e políticas imensamente sensíveis devido a todos os obstáculos legais encontrados, sendo que o maior deles era sua nacionalidade. Principiamos, pois, sua batalha judicial.

Promulgada por Getúlio Vargas em 1934, a nova Constituição serviu acima de tudo para ratificá-lo na presidência e fortalecer um poder executivo centralizador. Trazia avanços sociais fundamentais, porém o grande problema era o descaso para aplicá-los. A Constituição que mal comemorara um ano de vigência, em 1935 é suspendida, sendo preferível para o presidente a declaração de um estado de sítio. Sob a alegação de que o país estaria em perigo, o estado de sítio é instaurado como uma medida provisória de proteção do Estado, suspendendo garantias e o exercício dos direitos e liberdades, até então, invioláveis, como a liberdade religiosa, política e especialmente relevante para o caso, o direito de impetrar *habeas corpus*.

O caso de Olga Benário é de uma violência jurídica desonrosa na história do direito brasileiro. O objetivo do *habeas corpus* era de que Olga subsistisse presa no Brasil, alterando-se assim a lógica do remédio constitucional. Mesmo havendo sido uma tarefa complexa encontrar advogados dispostos a entrar em conflito direto com o governo federal, o carioca Heitor Lima, conhecido de Prestes, aceitou a posição de defensor de Maria Prestes, nome atribuído à Olga para ressaltar sua condição de esposa e para lhe dar uma identidade brasileira. Conforme mandava a lei, Maria manifestou por escrito sua vontade de ser defendida por Heitor, um jurista apaixonado pela causa feminina. (BICHARA, 2018, p. 121-122).

      A petição inicial do *habeas corpus* em defesa de Maria Prestes, impetrada por Heitor Lima, tinha como cerne a permanência dela, presa, para aqui ser julgada pelas autoridades nacionais, impedindo que, grávida, fosse expulsa do país e entregue às mãos do cruel regime fascista alemão. Lima justificava que, com base nos direitos de nacionalidade de sua filha e seu casamento com Prestes, Maria não poderia ser expulsa. A expulsão, pois, mais representava uma vingança pessoal de Getúlio Vargas e Filinto Muller contra Luís Carlos Prestes. Heitor Lima argumentava também que mesmo sendo estrangeira, Maria Prestes era apenas uma mulher grávida sem recursos e inofensiva, ressaltando que na Constituição Federal só era permitida a expulsão de estrangeiros nocivos para a União Federal.

> Art 113 - A Constituição assegura a brasileiros e a estrangeiros residentes no País a inviolabilidade dos direitos concernentes à liberdade, à subsistência, à segurança individual e à propriedade, nos termos seguintes:§ 15 - A União poderá expulsar do território nacional os estrangeiros perigosos à ordem pública ou nocivos aos interesses do País. (BRASIL, 1934).

      Quanto ao argumento sobre seu casamento, um cônjuge estrangeiro não adquire de uma vez nacionalidade ou naturalidade brasileira ao casar-se, tendo em vista que são precisos mais requisitos como residência permanente e fluência na língua portuguesa.

      Restava o fato indubitável que deveria ter sido suficiente para assegurar sua permanência. Mesmo visivelmente estando grávida de um homem brasileiro, sendo a criança cidadã brasileira, foi deixada a Constituição de 1934 de lado ao fecharem os olhos ao que era previsto em seu artigo 113, § 28, que afirma que "nenhuma pena passará da pessoa do delinquente" (CRFB/1934) em conjunto com o artigo 4º do Código Civil vigente que preconizava que, embora em termos legais a possibilidade de ser sujeito de direitos só começa com o nascimento, também estavam assegurados desde a concepção os direitos do nascituro. Além disso, era previsível o perigo mortal a que a mãe e a criança seriam expostas sendo expulsas em direção à Alemanha nazista.

O ministro Bento de Faria, designado relator do processo, indeferiu todas as solicitações de Heitor Lima. Alegou que o instituto de *habeas corpus* estava suspenso pelo estado de sítio decretado por Getúlio Vargas. O presidente da Corte Suprema e alguns ministros conheceram, porém negaram, o *habeas corpus*. Meses depois, o advogado Luís Werneck, esposo de uma companheira de Olga, entrou com a impetração de um novo *habeas corpus*. A Suprema Corte nem mesmo reconheceu o pedido. Assim, Maria Prestes seria expulsa mesmo sendo inofensiva, estando grávida e casada com um brasileiro.

> [...] a ameaça de expulsão era cada vez maior. Olga era judia e comunista. E o governo de Getúlio Vargas tinha uma simpatia clara pelos países do Eixo. Muitos "estrangeiros indesejáveis" estavam sendo deportados para seus países de origem, especialmente os dominados pela onda nazifascista. E mesmo sob protestos de muitos populares e apoio de vários advogados, foi decretada a expulsão de Olga do Brasil e sua deportação para a Alemanha e para a morte. (BUZZAR, 1995, p. 27).

Do processo de extradição à morte de Olga Benário

Extradição, conforme define Accioly (1968, p. 105), "é o ato pelo qual um Estado entrega um indivíduo, acusado de um delito ou já condenado como criminoso, à justiça do outro, que o reclama, e que é competente para julgá-lo e puni-lo".

Em um Brasil sob o Estado Novo de Getúlio Vargas, os ministros do Supremo Tribunal Federal não conceberam o *habeas corpus* impetrado em favor de Olga Benário, visto que ela era vista como nociva aos interesses internacionais e perigosa para a ordem pública, mesmo não havendo sequer uma acusação ou alguma imputação de qualquer delito que ela pudesse ter praticado no Brasil durante o período em que aqui residiu. Logo, o Supremo corroborou a extradição de Olga para a Alemanha nazista.

Devido às várias revoltas organizadas no presídio em razão da notícia de Olga estar sendo expulsa para a Alemanha fascista grávida, a militante teve de ser retirada de lá sob o pretexto de que iria ser mandada para o hospital. Entretanto, após sair da prisão, ela foi levada para o cais do porto onde iria embarcar rumo ao território alemão.

Todas as tentativas de resgate à revolucionária comunista foram falidas, tendo ela desembarcado em Hamburgo e, de lá, foi encaminhada para a prisão de mulheres localizada em Moscou e organizada pela Gestapo, que era a polícia secreta do Estado nazista. Foi nessa prisão, pois, que Olga concebeu sua filha, Anita Leocádia. (BUZZAR, 1995, p. 27).

Após algum tempo, dona Leocádia, mãe de Prestes, tentou adquirir a guarda de Anita, o que não ocorreu pelo fato da Gestapo não reconhecer a requerente da tutela como parente de Olga. Todavia, após a justiça brasileira confirmar a paternidade de Prestes, dona Leocádia conseguiu buscar a Anita e leva-lá para o Brasil. Depois disso, Olga foi transferida para o primeiro campo de concentração que viveria, em Lichtenburg, onde foi submetida a uma série de trabalhos forçados, além de que, muitas vezes, era levada para Berlim a fim de responder interrogatórios. Em 1938, passado aproximadamente um ano e meio vivido em Lichtenburg, Olga foi deslocada para o campo de concentração de Ravensbruck [sic], onde ficava alojada no setor das comunistas "indesejáveis", separada das demais adeptas do comunismo. Além disso, os interrogatórios e trabalhos forçados também se faziam constantes nessa área.

> Começaram as experiências genéticas no campo. Inúmeras prisioneiras contraíram tuberculose e outras doenças devido a esses experimentos. A eliminação das enfermas e das desobedientes por fuzilamento ou por intermédio de injeções letais passou a ser uma prática costumeira. O campo de Ravensbruck [sic] estava no mais completo pânico. Iniciava-se o assassínio sistemático de judeus e comunistas: a Solução Final. (BUZZAR, p. 29).

No início de fevereiro do ano de 1942, algumas prisioneiras de Ravensbruck foram selecionadas com a suposta finalidade de transferência para outro campo de concentração, dentre elas Olga Benário. Houve uma combinação, pois, entre as mulheres que foram transferidas e as que ficaram, sendo que as que foram levadas deveriam anotar o local a que estavam sendo destinadas. No momento em que as prisioneiras viram que apenas as roupas de suas companheiras haviam voltado, houve uma constatação de que estavam sendo enviadas para a morte. Logo, o que ocorreu não foi uma modificação de campo de trabalho, mas sim o envio das presas para a câmara de gás de Bernburg, onde Olga foi executada em abril do mesmo ano.

> Dizer "adeus"... Num instante, os pensamentos e as dúvidas confundem suas certezas. Como poderia saber o que iria acontecer? O que teria ocorrido se tivesse recusado a missão no Brasil? Não teria conhecido Prestes. Não teria tido sua filha. Não teria conhecido tanta dor e tanta alegria! Não teria... E se tivesse sido mandada para a missão na Alemanha. Estaria morta, ou estaria lá mesmo, naquele campo à espera da morte... E se tivesse voltado para a União Soviética? Tem ouvido tantas coisas sobre seu amigos [sic]... Dizem que Neumann foi entregue ao governo nazista alemão por Stalin. Dizem que ele não é mais um verdadeiro comunista... Dizem que ninguém é mais um verdadeiro comunista. Se pudesse sair de lá, conversar com seus antigos amigos, saber o que está havendo... Os erros. Quais foram os erros? Por quê? Se pudesse libertar seu marido, apertar sua filha nos braços. Se pudesse simplesmente envelhecer feliz, como as árvores... (BUZZAR, 1995, p. 30).

Entretanto, mesmo em face à morte, Olga nunca se rendeu, e persistiu firme em seus ideais até o último momento. Pode-se notar, pois, seu caráter perseverante e altruísta, que pode ser ilustrado pela carta deixada por ela à sua filha Anita e ao seu companheiro Prestes:

> Lutei pelo justo, pelo bom e pelo melhor do mundo. Prometo-te agora, ao despedir-me, que até o último instante não terão por que se envergonhar de mim. Quero que me entendam bem: preparar-me para a morte não significa que me renda, mas sim saber fazer-lhe frente quando ela chegue. No entanto, podem ainda acontecer tantas coisas... Até o último momento manter-me-ei firme e com vontade de viver. Agora vou dormir para ser mais forte. Beijo-os pela última vez. (INSTITUTO LUIZ CARLOS PRESTES, 2010).

Considerações finais

O presente estudo, portanto, concluiu que Olga Benário foi vítima de uma aberração jurídica, tanto no que se refere ao regime fascista brasileiro, quanto ao regime nazista alemão. Assim, seus processos de *habeas corpus* e de extradição para a Alemanha nazista foram marcados por intensas injustiças e negligências.

Devido à conjuntura do Brasil no Estado Novo, em que Vargas suspendeu diversos direitos e garantias fundamentais, houve o indeferimento de um pedido *de habeas corpus* no caso de Olga Benário impetrado pelo advogado Heitor Lima, em que o intuito era de que a militante continuasse presa, porém que não fosse expulsa do Brasil.

Mesmo grávida, sem apresentar comportamentos que a caracterizassem como nociva e perigosa à ordem pública, Olga foi extraditada para a Alemanha, estando durante esse processo com sete meses de gestação. Depreende-se, pois, que todo esse quadro de injustiça com Maria Prestes, sua identidade brasileira, decorria de divergências políticas existentes entre Getúlio Vargas e Luís Carlos Prestes, o que viabiliza a constatação de que o indeferimento de seu *habeas corpus* e sua extradição serem enquadrados como instrumentos de vingança utilizados pelo governo vigente nesse contexto.

Ademais, um dos pilares fundamentais do Estado Democrático de Direito consiste no princípio da dignidade da pessoa humana, garantido no artigo 1º da Constituição da República Federativa do Brasil de 1988. Dessa forma, a proteção dessa premissa constitucional configura-se como um requisito para a plena garantia do sistema democrático contemporâneo. Entretanto, o caso de Olga Benário foi marcado por uma intensa negligência em relação ao respeito aos direitos dos cidadãos por parte do Estado, uma vez que a ela foi negado o direito ao *habeas corpus*, já previsto no ordenamento nacional na época em questão.

Além disso, tendo como base o ordenamento pátrio atual, houve também a violação ao direito à vida, visto que o Estado realizou a extradição de Olga com o conhecimento do cenário genocida da Alemanha nazista. Logo, houve um nítido desrespeito à dignidade da pessoa humana por parte do Estado brasileiro no que tange ao caso de Olga Benário, sendo que, atualmente, tal violação consiste em uma postura que fere os princípios constitucionais e, portanto, contrária aos valores fundamentais do Estado Democrático de Direito vigente.

Referências

ACCIOLY, Hidelbrando. **Manual de direito internacional público**. 8. ed. São Paulo: Saraiva, 1991.
BICHARA, Luiz Gustavo. **Os grandes julgamentos da história**. Olga Benário. 1ª ed. Rio de Janeiro: Nova Fronteira, 1 de nov. de 2018. BRASIL. **Constituição Federal de 1891**. Promulgada em 24 de fevereiro de 1891. Disponível em: <http://www.planalto.gov.br/ccivil_03/constituicao/constituicao91.htm>.
BRASIL. **Constituição Federal de 1934**. Promulgada em 16 de julho de 1934. Disponível em: <http://www.planalto.gov.br/ccivil_03/constituicao/constituicao34.htm>.
BRASIL. **Decreto de 23 de maio de 1821**. Dá providencias para garantia da liberdade individual. Disponível em: <http://www.planalto.gov.br/ccivil_03/decreto/historicos/dim/DIM-23-5-1821.htm>. Acesso em: 26 de nov. de 2019.
Corvo Branco. **Magna Carta**. Disponível em <http://corvobranco.tripod.com/dwnl/magna_carta.pdf>. Acessado em 10 de out. de 2013.
FALCÃO, Alcino Pinto. **Da imunidade parlamentar**. Rio de Janeiro: Forense, 1965.
FARIAS, Jackson. Coluna Prestes - trajetória de Prestes, da coluna à intentona comunista. **UOL Educação**. Disponível em: <https://educacao.uol.com.br/disciplinas/historia-brasil/coluna-prestes-

trajetoria-de-prestes-da-coluna-a-intentona-comunista.htm>. Acesso em: 26 de nov. de 2019.

MARQUES, José Frederico. **Elementos de direito processual penal**. Rio de Janeiro: Forense, 1965. v.4. p.373.

MORAIS, Fernando. **Olga**. 6 ed. São Paulo: Editora Alfa-Omega, 1986.

PRESTES, Anita Leocadia et al. **Não olhe nos olhos do inimigo**. Rio de Janeiro: Paz e Terra, 1995

Análise acerca da (in)constitucionalidade do sacrifício de animais em rituais religiosos de matriz africana no Brasil e a intolerância religiosa

Ana Maria Oliveira Santos
Isadora Tolentino Ramos
Laura Maria Miranda Barros

O Brasil, quase 130 anos após a abolição da escravidão, ainda apresenta casos de violência física e simbólica àqueles que possuem afro descendência, o que é refletido na discriminação quanto aos seus objetos de culto e símbolos culturais. Apesar das leis que asseguram a liberdade de crença, de tratamento e condenam a intolerância, como a própria Constituição da República Federativa do Brasil, que traz em seu Art. 5° "VI - é inviolável a liberdade de consciência e de crença, sendo assegurado o livre exercício dos cultos religiosos e garantida, na forma da lei, a proteção aos locais de culto e a suas liturgias;" (BRASIL, 1988), os casos de destruição a templos de religiões de matriz africana ainda ocorrem, bem como o tratamento diferenciado no âmbito social, e por vezes jurídico, comparado a outras religiões.

Sob este aspecto, analisa-se a condenação das pessoas por meio do senso comum quanto ao sacrifício de animais nos cultos de origem africana, e dessa forma, a diferenciação que se tem, ao se comparar com outros credos, nos quais o sacrifício é tido como expressão de uma tradição secular. Tendo em vista que a função primordial do Estado é garantir o cumprimento das leis, bem como a melhor convivência e tolerância entre os cidadãos, este deve agir de modo a não deixar lacunas que permitam a supremacia de uma crença em relação a outra.

  No que tange a legislação quanto a este assunto, o primeiro passo foi dado ao proibir o sacrifício de animais em cultos religiosos, o que, após protestos, transformou-se em uma lei quanto ao sofrimento animal e outras regulamentações em cerimônias religiosas, posteriormente modificada para resguardar os direitos dos sacrifícios realizados pelas religiões de cunho africano. Contudo, já em 2015, foi apresentado um projeto de lei que pretendia a retirada da permissibilidade da imolação nos rituais de matrizes africanas.

  Para além da legislação vigente para estes casos se analisa, igualmente, o porquê de direitos, já assegurados a outros cultos, quando relativos aos cultos de origem africana causam tamanha contestação na sociedade e em órgãos legislativos competentes. Desse modo, a constitucionalidade garantida pelo STF aos sacrifícios animais e uma tutela especial aos que dela precisam, seriam modos de mitigar uma diferenciação no âmbito religioso e, assim, garantir os direitos fundamentais de todos previstos pela Constituição do país.

A relação do cristianismo com o sacrifício animal

  A princípio, é pertinente a colocação de que o sacrifício animal é um tema recorrente em todo o Velho Testamento do principal livro do Cristianismo, a Bíblia. A religião prioritariamente trata a prática como o que possibilita o perdão divino. Em diversos livros e versículos é possível perceber que animais sacrificados eram ofertados ao Deus desta religião como forma de retirada dos pecados.

Segundo a doutrina cristã, os sacrifícios não mais ocorrem pois Jesus Cristo foi o maior e primordial destes, livrando todos os seres do pecado. Ele, como voluntário, se ofereceu para morrer no lugar dos pecadores, diferente dos animais, os quais eram inocentes. Ainda de acordo com a religião cristã, o sacrifício animal teve fim com Jesus, uma vez que estes eram apenas ilustrações do maior que estava por vir. Assim, a única base para sacrificá-los era o prenuncio do nascimento de Jesus Cristo.

É importante ressaltar o versículo 22:20 do livro de Êxodo, ainda no Velho Testamento, que determina pecador, impassível de redenção, aquele que oferecer o sacrifício a outro Deus que não seja o do Cristianismo (BÍBLIA SAGRADA, 2012). Tal ressalva implica na afirmação de soberania desta religião, além de ser um fator agravante para a intolerância religiosa que perdura até hoje com outras religiões, especialmente de matriz africana.

O sacrifício de animais em outras religiões e a falta de conhecimento

É necessário a firmar que, além do Cristianismo e das religiões de matriz africana, outras como o judaísmo e o islamismo – Kosher e Halal, respectivamente – fazem uso da prática de forma recorrente, sendo realizada de acordo com seus preceitos e mandamentos, por uma pessoa que pertença a religião e esteja preparada para abater o animal.

No islamismo, a degola é o principal método de sacrifício, uma vez que garante a morte instantânea, envolvendo diversos ritos e tradições em meio ao abate, como a oferta de cada animal a Alá antes que este seja morto, além de apontar a faca para Meca no procedimento. No Brasil, contraditoriamente, a prática é aceita no viés moral e comercial, tendo em vista que gera receita por meio de frigoríficos especializados nisso. O abate Kosher se dá da mesma maneira, tendo como finalidade estabelecer a ligação do homem com Deus, diferente do cristianismo, que vinculava a prática ao perdão. Ainda é interessante ressaltar que o porco é considerado animal impuro, não podendo ser ingerido pelos praticantes dessas religiões, não sendo submetido, assim, ao abate, sendo também proibido pelo Torá, livro judeu.

No cerne do questionamento está a questão da intolerância, a qual não é tão veiculada a essas religiões, por mais que exista.

Parte do preconceito quanto às religiões de matriz africana e seus ritos se dá pela falta de conhecimento acerca das crenças e dos métodos usados para a prática. Em 2015, através de nota, o presidente da AFROBRAS, Jorge Verardi, ao elucidar a incoerência quanto a diferença de tratamento (represália à religião e silêncio quanto ao abate para consumo, em maior quantidade), esclareceu sobre a finalidade para que o animal seja abatido, que, para concluir o intuito sagrado, deve ser, também, consumido (ORO; CARVALHO; SCURO; 2017).

Em seu voto (negativo quanto o provimento) ao Recurso Extraordinário, o ministro Luís Roberto Barroso ressaltou a geral falta de conhecimento sobre os ritos dessas religiões, evidenciando a contribuição das sustentações orais de adeptos delas em vista de uma melhor compreensão. Ele ainda reafirma os dogmas da própria tradição religiosa, que não admite crueldade ou sofrimento pois somente assim o propósito religioso seria alcançado.

O preconceito racial, a intolerância e o "evolucionismo"

O Brasil, dado o seu processo de colonização marcado pela escravização de povos africanos que perdurou durante quatro séculos, vive, ainda hoje, os reflexos desse período, constatado na discriminação existente na sociedade brasileira contemporânea, demonstrado pelo imenso preconceito racial no país e, por conseguinte, às religiões de matrizes não-europeias. Assim, a fim de resguardar a isonomia assegurada na Constituição da República Federativa do Brasil de 1988, em seu Artigo 5°, foi sancionada, um ano após, a Lei n° 7.716/89 (RIO GRANDE DO SUL, 1989), a qual define os crimes resultantes de preconceito de raça ou de cor, bem como suas penas.

Apesar da Lei supracitada não ter sido criada especificadamente para proteger determinada etnia, os negros são os que mais sofrem preconceito, atestado, inclusive pelo preconceito estrutural, relacionado à maior taxa de analfabetismo, trabalho infantil, desemprego e menor salários daqueles que são oriundos desse grupo (IBGE, 2018).

Segundo Adorno e Horkheimer, o preconceito é ciclista, sendo repassado às pessoas pela sociedade por meio do grupo que julgam pertencer. Desse modo, a estrutura preconceituosa vigente no Brasil contribui para que os pré-julgamentos de séculos atrás continuem presentes na mentalidade popular. De acordo com Gordon Alport, o preconceito é uma atitude hostil direcionada a uma pessoa simplesmente por pertencer a determinado grupo. Assim sendo, o preconceito com as religiões de matrizes africanas encontra fundamento não somente pela predominância da cristandade, mas também por ser uma forma de expressão de um grupo secularmente marginalizado. Este é, dentre outras formas, avistado no questionamento a certas práticas aceitas em outros cultos, como o sacrifício de animais.

Aliado ao preconceito encontra-se a intolerância religiosa, que se difere da primeira pelo sentimento de superioridade dos que a praticam para com quem praticam. Na Lei nº 7.716/89 anteriormente citada, em seu art. 20 diz que praticar, induzir ou incitar a discriminação ou preconceito de raça, cor, etnia, religião ou procedência nacional se configura como crime, sendo, dessa forma, não só um comportamento imoral como também criminoso.

Conforme é demonstrado na sociedade, a raiz da intolerância é o egoísmo, que como tal configura aquilo que lhe é conveniente como bom e o que não é como mau.

A questão evolucionista há muito persegue os povos africanos e seus descendentes, desde o século XIX com as teorias racistas do darwinismo social e a eugenia, nas quais os povos europeus eram colocados como superiores.

No Brasil isso se refletiu de diversas maneiras, como os planos de branqueamento da sociedade, o que, segundo a crença, faria o país evoluir, e ainda revela marcas, como ocorre na questão religiosa, tratando-as como primitivas e atrasadas: "[...] para outros atores e instituições sociais o sacrifício representa [...] uma demonstração de primitivismo, incompatível com os princípios e valores da modernidade" (ORO; CARVALHO; SCURO; 2017 p.1).

A Lei Estadual nº 12.131, de 22 de julho de 2004/RS

O início do processo se deu em 2003, quando o deputado e pastor Manoel Maria dos Santos propôs o projeto de lei do Código Estadual de Proteção aos Animais que configurava a proibição do abate de animais em cerimônias religiosas, ele dizia em seu art. 2: "É vedado: realizar espetáculos, esporte, tiro ao alvo, cerimônia religiosa, feitiço, rinhadeiros, ato público ou privado, que envolvam maus tratos ou a morte de animais [...]". Abaixo de debates e protestos o artigo recebeu nova versão, sem a proibição dos sacrifícios, atentando-se apenas ao sofrimento animal e outras regulações.

Em 2003, o projeto transformou-se na Lei 11.915/03. Contudo, os afro religiosos encontraram-se amedrontados pela redação anterior e pela possível proibição futura. Dessa forma, o único deputado estadual afrodescendente na época, Edson Portilho, apresentou um Projeto de Lei que incluiria no artigo 2º da Lei 11.915/03 uma ressalva que permitiria aos religiosos de matriz africana a realização de seus rituais sacrificiais, desde que fossem obedecidas algumas condições como a limitação de sacrifícios a animais que seriam usados para alimentação humana e a proibição de recursos cruéis para a sua morte.

O projeto foi aprovado e sancionado ainda em 2003, tornando-se a Lei estadual nº 12.131/03, que acrescentou o parágrafo único ao artigo 2º da Lei nº 11.915 de 21 de maio de 2003, a qual instaura o Código Estadual de Proteção aos Animais. Primordialmente, é necessário fazer ênfase a cada uma das legislações decorrentes, uma vez que esse histórico levará ao ponto fundamental da discussão: a referida inconstitucionalidade da Lei nº 12.131/03.

O Código Estadual de Proteção aos Animais, instituído pela Lei nº 11.915/03, instaura proposições básicas para proteger a fauna local do Rio Grande do Sul. No seu artigo 2º, primeiramente, constava dispositivos vetados às pessoas, como todo tipo de agressão física aos animais. Posteriormente, a lei nº 12.131 acrescenta o seguinte parágrafo ao texto:

> Art. 2º - Para o exercício de cultos religiosos, cuja liturgia provém de religiões de matriz africana, somente poderão ser utilizados animais destinados à alimentação humana, sem utilização de recursos de crueldade para a sua morte. ((RIO GRANDE DO SUL, 2004).

Dessa maneira, é instaurada a discussão acerca da inconstitucionalidade da lei referida, tendo como base o artigo 225, parágrafo 1º, inciso VII, da Constituição Federal que infere que:

> Art. 225. Todos têm direito ao meio ambiente ecologicamente equilibrado, bem de uso comum do povo e essencial à sadia qualidade de vida, impondo-se ao Poder Público e à coletividade o dever de defendê-lo e preservá-lo para as presentes e futuras gerações.
> § 1º Para assegurar a efetividade desse direito, incumbe ao Poder Público:
> VII - proteger a fauna e a flora, vedadas, na forma da lei, as práticas que coloquem em risco sua função ecológica, provoquem a extinção de espécies ou submetam os animais a crueldade. (BRASIL, 1988).

A lei que garante proteção às tradições afro descendentes gerou forte embate no âmbito jurídico, tanto na esfera estadual quanto na nacional.

Logo que a Lei foi sancionada e posta em vigência o Ministério Público do Rio Grande do Sul alegou sua inconstitucionalidade e pediu a sua retirada do ordenamento jurídico, sendo decisão proposta pelo próprio Procurador-Geral do Estado. Sua proposição tomava como base que independente da hierarquia ou ordenação da lei, era inconstitucional e, assim, seguiu-se até o Recurso Extraordinário no Supremo Tribunal Federal.

O RE 494.601 e a ênfase à matriz africana

Em fevereiro de 2015, a deputada estadual Regina Fortunati propôs um projeto de lei que revogaria o parágrafo único do art. 2º da lei 11.915/03, que permitia aos religiosos afro-brasileiros realizarem abates ritualísticos, mesmo dentro das condições estabelecidas.

O projeto da deputada restabeleceria a redação original de 2003 do Código Estadual de Proteção aos Animais. O que reacendeu o tema e as discussões e, após indignações por parte dos afro religiosos e diversas tentativas de diálogo, a deputada Regina Becker entrou com um Recurso Extraordinário, pedindo para que a matéria fosse a Plenário. O recurso foi rejeitado por 27 votos contra e 14 a favor.

O recorte quanto à matriz africana foi a principal crítica apresentada quanto à Lei n° 12.131/03. Em voto, o ministro Marco Aurélio concedeu provimento parcial ao Recurso Extraordinário (RE), alegando a necessidade de que a lei abranja crenças de toda natureza. Contudo, no decorrer de todo o processo, a partir do uso de termos pejorativos geralmente relacionados às religiões afro-brasileiras, fica claro que as proibições eram acerca delas, fazendo-se, assim, necessária uma tutela especial a elas.

O sacrifício está umbilicalmente ligado às religiões de origem africana, logo, propor a criminalização deste equivale a negar o exercício do direito da liberdade de culto, já que o propósito real dos princípios e garantias fundamentais presentes na Constituição da República Federativa do Brasil de 1988 (CRFB/88), como o inciso VI do artigo 5º, que trata da liberdade religiosa, devem ser construídos acerca de um suporte dos direitos sociais, visto que "Os mecanismos de tutela dos direitos fundamentais estão intimamente ligados à criatividade judicial em prol do povo [...]" (SOUZA, 2001).

Destarte, o destaque para as religiões de matriz africana revela-se essencial enquanto elas são objeto de estigmatização e preconceito estrutural da sociedade, fazendo-se importante um reforço na proteção legal voltada a elas. Foi o que declarou o ministro Edson Fachin, ao votar pelo desprovimento do RE, acrescentando ainda que o ato do sacrifício animal é fator essencial a esses cultos e reconhecendo, assim, a validade do texto legal. Em concordância, a ministra Cármem Lúcia considerou que o realce quanto à matriz africana é uma forma de combate ao preconceito tanto em relação aos cultos quanto aos descendentes de africanos. De maneira consoante a isso a ministra Rosa Weber também proferiu seu voto, negando provimento ao RE. Visto que, segundo seu ponto de vista, "a exceção atende o objetivo que as próprias cotas raciais procuraram." (Portal Supremo Tribunal Federal).

Considerações finais

Tendo em vista as questões apresentadas, os fatos demonstram que, apesar das diversas religiões apresentarem sacrifícios, apenas nos cultos de religião de matriz africana, onde os animais são conduzidos sem sofrimento e que são meios sacros, tratados com grande respeito, abaixo de cânticos e rezas, os quais recebem tamanho enfoque negativo. Reitera-se ainda, que a análise do senso comum é feita a partir de ideias racistas que se mantiveram atreladas à sociedade por muitos anos até o tempo presente.

Portanto, questiona-se o motivo pelo qual, majoritariamente, as religiões de origem africana têm sido estigmatizadas e, ainda, generalizadas, tidas como padrão de crueldade para com os animais ofertados. Sobretudo, dado que o abate é limpo em todos os casos, não oferecendo sofrimento ao animal; é necessário levar em consideração o preconceito racial, o etnocentrismo e a falta de conhecimento sobre os ritos, que são causas para tal estigmatização.

Dessa forma, uma lei que visa a tutela de um direito fundamental de um grupo, como a Lei nº 12.131/03 está para a liberdade religiosa das religiões de matriz africana, mostra-se, além de constitucional, necessária para que a garantia desse direito se mantenha diante as constantes ameaças sofridas, atentando-se para a quebra de paradigmas.

Referências

BÍBLIA SAGRADA. **Leis morais e religiosas.** São Paulo (SP): Editora Ave Maria, 2012.
BRASIL. Constituição (1988). **Constituição da República Federativa do Brasil de 1988**. Disponível em:
http://www.senado.leg.br/atividade/const/con1988/con1988_12.07.2016/art_5_.asp. Acessado em 06 de junho de 2019.
BRASIL, **Crimes resultantes de preconceito de raça ou de cor.**1989.Disponível em:

http://www.planalto.gov.br/ccivil_03/leis/l7716.htm.Acessado em 06 de junho de 2019.

FREITAS, Paula Heloísa da Silva. **A constitucionalidade da permissão do sacrifício de animais nas religiões afrodescendentes: um olhar sobre a lei nº 12.131/04**

ORO, Ari Pedro; CARVALHO Erico Tavares de; SCURO Juan. **O Sacrifício de Animais nas Religiões Afro-Brasileiras: uma polêmica recorrente no Rio Grande do Sul.** Disponível em: http://www.scielo.br/pdf/rs/v37n2/0100-8587-rs-37-2-00229.pdf. Acessado em 06 de junho de 2019.

Portal Supremo Tribunal Federal. **STF declara constitucionalidade de lei gaúcha que permite sacrifício de animais em rituais religiosos.** Disponível em: http://www.stf.jus.br/portal/cms/verNoticiaDetalhe.asp?idConteudo=407159. Acessado em 06 de junho de 2019.

https://lume.ufrgs.br/handle/10183/174851. Acessado em 06 de junho de 2019.

RIO GRANDE DO SUL, **Lei Nº 12.131.**22 de julho de 2004.Disponível em: http://www.al.rs.gov.br/filerepository/replegis/arquivos/12.131.pdf.Acessado em 06 de junho de 2019.

RIO GRANDE DO SUL, **Código Estadual de Proteção aos Animais, Lei Nº 11.915**. 21 de maio de 2003. Disponível em: http://lproweb.procempa.com.br/pmpa/prefpoa/seda/usu_doc/lei_estadual_11.915.pdf. Acessado em 06 de junho de 2019.

RIO GRANDE DO SUL. **Recurso Extraordinário.** 2015. Disponível em: http://portal.stf.jus.br/processos/detalhe.asp?incidente=2419108. Acessado em 06 de junho de 2019.

SOUZA, Ionete de Magalhães. **A certeza da paternidade através da perícia genética paterna e o acesso à justiça: uma análise constitucional.** 2001.

Revolução Francesa: liberdade, igualdade e fraternidade - realidade ou falácia?

Ana Maria Faria Franco Ribeiro
Nadja de Vasconcelos Pereira

A Revolução Francesa constitui um dos mais importantes acontecimentos do Ocidente, marcando o fim da Idade Moderna dando lugar a Idade Contemporânea. Fundamentou toda política e ideologia do século XIX, fornecendo vocabulários sobre a política-liberal e radical-democrática e até mesmo o nacionalismo.

Entretanto, apesar da fantasia em torno de seus ideais: Igualdade, Liberdade e Fraternidade, seu real espírito não condiz com o significado literal de suas palavras. A realidade é que muitos interesses e relativizações são encontrados por trás de seu imaginário. Mesmo assim, os impactos sociais e teóricos da Revolução não podem ser questionados, sendo ponto de referência de diversas agitações e legislações ao redor do mundo.

Revolução francesa: antecedentes

O final do século XVIII foi repleto de crises para os velhos regimes políticos e econômicos europeus que culminaram numa série de agitações e movimentos coloniais em busca de autonomia como os "EUA (1776-83), mas também na Irlanda (1782-4), na Bélgica e em Liège (1787-90), na Holanda (1783-7), em Genebra [...]." (HOBSBAWM, 2009, p.62). A Revolução Francesa, embora não tenha sido um movimento isolado, foi o mais expressivo e dramático deles, gerando profundas consequências a sociedade subsequente, influenciando levantes em todo o mundo como a libertação da América Latina.

A Revolução Francesa foi produto da situação específica da França, que embora grande rival "não era uma potência como a Grã-Bretanha, cuja política externa já era substancialmente determinada pelos interesses da expansão capitalista." (HOBSBAWM, 2009, p.63), assim conflitos de interesses surgiram entre a estrutura do velho regime e as novas forças sociais ascendentes.

A sociedade francesa estava dividida em ordens ou estados, "à frente vinha o clero, a Igreja Católica, a única que tinha o direito de ensinar a religião, mas que também era muito rica em terras e rendas." (VOVELLE, 2007, p.13), logo após a nobreza, composta por aristocratas, que gozavam de inúmeros privilégios como isenção de impostos e recebimento de tributos feudais.

O campesinato compunha a maior parte da população francesa e formava o chamado Terceiro Estado, chamados Comuns, e de fato eram livres e possuidores de terras. Todavia, suas propriedades eram insuficientes no plantio, tanto pelos atrasos técnicos da época quanto pelo aumento populacional, o que agravou a fome. Além disso, os tributos a serem pagos aos nobres consumiam boa parte da renda dos camponeses, e a inflação lhes tirava o resto.

Há também dentro desses grupos uma burguesia afluente composta por ricos negociantes como banqueiros e nascentes industriais. Essa classe conquista riquezas principalmente através do comércio marítimo e possui novas ambições e aspirações, contrárias aos privilégios presentes no antigo regime e inspiradas pelo iluminismo, corrente de pensamento que destinava duras críticas ao mercantilismo, ao sistema absolutista e aos direitos destinados ao clero., defendida por pensadores como Rousseau, Voltaire, Montesquieu e Adam Smith.

As crises do Estado francês são agravadas pelos problemas financeiros de sua monarquia absolutista e pelo fracasso de reformas que buscavam diminuir desigualdades e estabelecer tributos racionais e imparciais pela resistência de grupos que detinham privilégios. Outro fator, e talvez o mais importante deles, foi o apoio monetário dado pela França na guerra de secessão norte americana, contra o domínio inglês. Embora a guerra tenha sido, de fato, vencida as consequências para os cofres franceses são absurdas e irreparáveis pela estrutura do velho regime.

A crise do regime monárquico deu a aristocracia e aos parlamentares a chance de estenderem seus privilégios, já que se recusavam a pagar pela crise se isso não fosse feito. A convocação dos Estados Gerais, assembleia feudal que há mais de duzentos ano não acontecia, foi vista como uma brecha pelos nobres, que subestimaram a crise socioeconômica francesa e as intenções do Terceiro Estado, composto pela maioria da população, mas dominado pela chamada classe média.

O rei finalmente deu oportunidade aos franceses de se manifestarem quanto a suas condições, as três ordens redigiram cadernos de dolências que seriam levados ao soberano. O Terceiro Estado lutou por sua representação nos Estados Gerais e passou a reclamar votos individuais na assembleia de deputados, ao contrário do corpo feudal em que o voto era dado por ordem ou classe, fazendo com que os interesses do clero e da nobreza sobrepusessem os demais. A primeira vitória revolucionária veio com a reunião dos Comuns com o objetivo de obterem uma Constituição, na chamada Assembleia Nacional Constituinte, mais tarde aceita pelo rei.

Revolução francesa: acontecimentos

A Revolução Francesa não foi feita ou liderada por partidos, tão pouco teve líderes ou figuras revolucionárias. Sua unidade, na verdade, foi formada a partir do consenso de ideias liberais clássicas que passaram a reinar entre um grupo social, a burguesia. Junto a isso uma forte crise socioeconômica marcada por más safras que significavam fome para o campesinato pelo aumento de alimentos básicos, como o pão.

Os deputados do Terceiro Estado viram na corroboração do rei uma oportunidade de transformação pacífica da estrutura social. No entanto, é de se esperar que houvesse resistência, principalmente por parte do monarca, que não aceitaria de bom grado perder seus poderes absolutos para se submeter à constituição.

O resultado mais formidável desse embate foi a queda da Bastilha, antiga fortaleza feudal transformada em prisão estatal onde inimigos da coroa eram presos sem nem mesmo julgamento, símbolo concreto da arbitrariedade do soberano, no dia 14 de julho de 1789. Esse acontecimento ratificou o fim do despotismo e foi saudada como um princípio libertário mundo a fora, sendo responsável por levar a revolução a cidades provincianas e ao campo.

Embora tenha sido usada violência e milhares de pessoas tenham morrido nesse fatídico dia, a oposição daqueles que detinham os privilégios e o apoio do monarca a esse grupo tornaram impossíveis saídas pacíficas.

A França encontra-se dividida entre a esperança e o medo, esse principalmente por parte dos poderosos que começam a fugir para o exterior. Entretanto,

> O que transformou uma epidemia de inquietação camponesa em uma convulsão irreversível foi a combinação dos levantes das cidades provincianas com uma onda de pânico de massa, que se espalhou de forma obscura, mas rapidamente por grandes regiões do país: o chamado Grande Medo (Grande Peur) [...]. (HOBSBAWM, 2009, p.69)

As estruturas feudais ruíram oficialmente em 1793 e a revolução adquiriu um manifesto formal, a Declaração dos Direitos do Homem e do Cidadão. Os setores revolucionários da classe média, temerosos com possíveis reações do monarca e da aristocracia resgatam valores conservadores. Essa é uma prática que passa a se repetir ao longo da história, reformadores moderados da classe média inflamam a população, quando as massas tomam rumo de suas próprias revoluções, os moderados dividem-se em grupos conservadores que fazem frente aos reacionários.

Em boa parte das revoluções subsequentes os moderados retrocedem ou migram para a ala conservadora. A divergência desse processo na Revolução Francesa é que uma parte da burguesia liberal estava disposta a seguir com o movimento, os chamados jacobinos. A alternativa ao radicalismo burguês eram os sans-culottes, movimento urbano de trabalhadores pobres, pequenos artesãos e até pequenos proprietários, constituíam os verdadeiros manifestantes, formando a principal força de choque da revolução, mesmo assim foi um grupo desamparado a ponto de seu nome ser praticamente esquecido.

A burguesia moderada vitoriosa rapidamente se transforma na Assembleia Constituinte, mais tarde Assembleia Legislativa, adotando providências para reformar a França. Economicamente instituem preceitos liberais, como cerco das terras comuns aos camponeses e o incentivo aos empresários rurais, mais tarde secularizam e vendem os terrenos da Igreja e de nobres que emigraram.

A Constituição de 1791 estabeleceu uma monarquia constitucional baseada no voto censitário. Embora claramente apoiada pela classe burguesa, o clero e a coroa sonhavam com a restituição dos plenos poderes daquele que foi "ungido por Deus". O rei depois de uma tentativa de fuga é capturado, perdendo seu direito a lealdade e a partir daí o republicanismo ganha força.

Os conflitos ideológicos entre a extrema direita, rei, nobreza, eclesiásticos e aristocracia emigrante que busca apoio em Estados estrangeiros, como a Alemanha, e a esquerda moderada. O primeiro prezava pela restauração do antigo regime enquanto o segundo acreditava na necessidade de difusão da liberdade contra o velho sistema de governo.

A guerra foi declarada em 1792 e depois de massacres dos dois lados os revolucionários saem vitoriosos, derrubando o monárquico. Através de uma assembleia intitulada de Convenção, votada pelo sufrágio universal de todos os homens adultos o regime republicado é proclamado. Porém, essa Convenção logo se divide em dois grupos, os girondinos, agora representantes da direita, formada por burgueses ligados a grandes cidades portuárias mercantis e que defendiam o fim da Revolução pelo medo de serem ultrapassados, e a "Montanha", os jacobinos, que apoiavam o movimento popular e suas aspirações.

Agitações de camponeses contra a República começam a surgir e logo são apoiados pelos jacobinos, que conseguem tomar o governo dos girondinos instaurando a República Jacobina. Durante certo tempo O Terror foi um instrumento para resolução das crises da sociedade francesa, usando da severidade de penas e da guilhotina, todavia, promoveu um intenso apoio a classes menos favorecidas, ainda abriu fábricas e aboliu a escravidão nas colônias francesas.

No entanto, o Terror, o afastamento dos sans-culottes e a perda do apoio popular pelas necessidades econômicas das guerras, facilitaram a tomada do poder pelos girondinos. Após esse período, a burguesia não mais conseguia alcançar a estabilidade política e econômica nos moldes liberais, assim buscaram em diversos regimes manter sua sociedade e evitar o perigo da república jacobina e do antigo regime.

Um novo golpe de Estado é feito, o Golpe de 18 de Brumário, pelo aclamado herói nacional Napoleão Bonaparte. Implantou o regime do consulado, fundou o Banco da França e redigiu sua mais importante obra, o código civil, inspirado no direito romano e que até hoje, essencialmente, está em vigor. Vitórias e conquistas marcam seu governo, sendo considerado o mais bem-sucedido governante da história da França.

O *slogan* "liberdade, igualdade e fraternidade": origem e aplicação

Em meio ao período compreendido como "Idade das Trevas", no qual os homens viviam sob o crivo da Igreja, seguindo seus ideais controladores do desenvolvimento social, surgiu, na Europa, o movimento Iluminista. Comandado por estudiosos da época, o movimento tinha como objetivo substituir os pensamentos vigentes, colocando como fonte e essência de todo o conhecimento a razão humana e não mais os ideais controladores da Igreja e das Monarquias absolutistas.

Assim sendo, ao colocar a razão como instrumento superior à fé, o século XVIII possibilitou aos filósofos estabelecerem ideais que modificassem a organização das sociedades modernas, de forma com que uma das principais correntes defendidas por esses filósofos fora a necessidade de colocar fim aos privilégios concedidos à nobreza, de modo a estabelecer a igualdade entre todos os cidadãos.

Foi então nesse contexto que a Revolução Francesa se inspirou para determinar seu principal ideal do movimento burguês, que fora o *slogan* mundialmente conhecido até os dias atuais de "Liberdade, Igualdade e Fraternidade".

> Desse modo, se se quiser reunir, na França, as três ordens numa só, deve-se começar pela abolição de qualquer privilégio. É preciso que nobres e sacerdotes tenham como interesse somente o interesse comum, e que só gozem, por força da lei, dos direitos de simples cidadãos. Sem isso, não adianta reunir as três ordens sob a mesma denominação. Elas continuarão a ser três matérias heterogêneas impossíveis de se misturar. (SIEYÈS, 1988, p.107)

O lema da Revolução fora estabelecido visando erradicar os abusos de poder ocorridos na França, quando essa se organizava diferenciando direitos e obrigações pelo sistema de três estados, sendo ao terceiro estado - composto pela maioria da população, que era a classe trabalhadora e mais humilde - destinado apenas obrigações abusivas de sustentar o restante do país, sem que houvesse reconhecimento social e político. Portanto, o terceiro estado ao se reunir e iniciar sua luta, visava conquistar o que se estabelecia em seu *slogan*.

Como liberdade, os homens almejavam alcançar a possibilidade de exercer seu pensamento, sua cultura, sua religião e seus ideais sem que esses fossem controlados pelo

Estado. Buscavam também serem livres para escolherem seus governantes, pondo fim ao dogma imposto de que o poder dos reis era divino.

Já por igualdade, eles visavam alcançar, principalmente, as igualdades sociais, civis, políticas e jurídicas. Os homens queriam cessar com os privilégios vindos de títulos hierárquicos e estabelecerem a homogeneidade na aplicação das leis, jurídicas e civis, e na obtenção de direitos e disposição de obrigações.

Por fim, para a fraternidade eles pretendiam estabelecer uma relação entre comerciantes e Estado, no qual esse deveria contribuir, favorecer e proteger o exercício daqueles.

Por conseguinte, o movimento conseguiu a aplicação da Liberdade, Igualdade e Fraternidade quando "[...] as exigências do burguês foram delineadas na famosa Declaração dos Direitos do Homem e do Cidadão, de 1789. Este documento é um manifesto contra a sociedade hierárquica de privilégios nobres, mas não um manifesto a favor de uma sociedade democrática e igualitária." (HOBSBAWM, 2009, p.67)

No entanto, o povo obteve uma conquista frustrante com aquilo que se esperava alcançar com o lema da Revolução. A igualdade política e social ficou apenas no pensamento idealizado dos homens, que, apesar de terem rompido com alguns privilégios, ainda não conseguiram alcançar a igualdade pela qual tanto lutaram.

> Mas, todavia, se poderia suspeitar que a nobreza quer iludir o Terceiro estado; quer, em troca de uma antecipação de equidade, desviar suas atuais petições e distraí-lo da necessidade que tem de ser algo nos Estados gerais. Ela parece dizer ao Terceiro estado: "O que é que vocês querem? Que paguemos como vocês? Está bem, isto é justo, vamos pagar, mas deixem

> ficar o antigo estado de coisas, em que vocês não são nada, em que somos tudo, e onde nos foi tão fácil não pagar pelo que quisemos." (SIEYÈS, 1988, p. 102)

Acompanhada da falsa igualdade, os homens se surpreenderam também quando encontraram empecilhos para a liberdade que também almejavam alcançar com a Declaração. "A liberdade é uma fraude se se opõe à emancipação do Trabalho da opressão do Capital." (LENIN, 1979, p.25-26). Os homens esperavam ser livres para se expressarem, contudo, acabaram sendo controlados indiretamente pelo Estado, uma vez que esse abusava da força de trabalho daqueles, tornando-os reféns do ordenamento social.

"Sabemos como é fácil para os homens em geral se dobrarem aos hábitos que podem lhes serem úteis. Estão sempre pensando em melhorar suas vidas e, quando a indústria pessoal não pode ajudar pelas vias honestas, ele se lança em falsos caminhos." (SIEYÈS, 1988, p.79). É por esse motivo, então, que os homens se submetem a aceitar a limitada liberdade e igualdade que conquistaram, é uma forma de sobrevivência, já que não lhes cabe coordenar o Estado e efetivar seus interesses, eles se adequam a medida do possível com aquilo que está sendo oferecido pelos nobres.

A influência da Revolução no mundo moderno

Apesar dos equívocos presentes no *slogan* utilizado pelos revolucionários, a Revolução Francesa ainda serviu de exemplo e influência para diversos movimentos e Constituições formuladas ao longo da história, por toda parte do mundo.

> Tomemos a Grande Revolução Francesa. Não é por acaso que é chamada "Grande". Fez tanto pela classe pela qual se travou – a burguesia – que todo

> o século XIX, esse século que forneceu cultura e civilização a toda a humanidade, decorreu sob o signo da Revolução Francesa. Em todo o mundo não se fez mais do que concretizar, realizar parcialmente e completar o que tinha sido criado pelos grandes revolucionários franceses da burguesia, cujos interesses serviam, embora não estivessem conscientes disso, e escondendo esse fato atrás de palavras sobre liberdade, igualdade e fraternidade. (LENIN, 1979, p. 49)

Após ser publicada a Declaração dos Direitos do Homem e do Cidadão, a qual adotava algumas questões relacionadas ao tema da Revolução, no ano de 1793, foi promulgada a Constituição Francesa que viria a aderir o voto universal, sendo esse um dos grandes exemplos da igualdade política. Contudo, a vitória do povo não durara muito tempo, pois dois anos após a conquista, ela fora derrubada por uma nova Constituição que cessou com os direitos do povo anteriormente adquiridos "Em toda nação livre – e toda nação deve ser livre – só há uma forma de acabar com as diferenças que se produzem com respeito à Constituição. Não é aos notáveis que se deve recorrer, é à própria nação. Se precisamos de Constituição, devemos fazê-la. Só a nação tem direito de fazê-la." (SIEYÈS, 1988, p. 113)

A Constituição da República Federativa do Brasil foi assim constituída, inspirada nos ideais da Revolução Francesa – "Liberdade, Igualdade e Fraternidade" – ela foi formulada com um extenso rol de artigos que preveem direitos e garantias individuais e coletivas, os quais

limitam a influência do Estado na vida e na dignidade dos cidadãos, promovendo assim a democracia. A fim de exemplificar isso, temos o artigo 3º da CF, de 1988, que diz:

> Constituem objetivos fundamentais da República Federativa do Brasil: I - construir uma sociedade livre, justa e solidária; II - garantir o desenvolvimento nacional; III - erradicar a pobreza e a marginalização e

> reduzir as desigualdades sociais e regionais; IV - promover o bem de todos, sem preconceitos de origem, raça, sexo, cor, idade e quaisquer outras formas de discriminação. (BRASIL, 1988)

Desse modo, assim como a Constituição de 1988, tanto no Brasil como no restante do mundo, a Revolução Francesa influenciou nas modificações sociais, principalmente no que se refere ao Direito Positivado.

Considerações finais

Portanto, é possível inferir que a Revolução Francesa teve sim sua importância para o mundo moderno, uma vez que trouxe mais efetivamente a discussão acerca dos direitos básicos do cidadão, como Liberdade, Igualdade e Fraternidade. Foi a Revolução de 1789 a responsável por positivar tais direitos com a promulgação da Declaração dos Direitos do Homem e do Cidadão, fazendo com que as Constituições, Códigos e Documentos normativos seguintes também elencassem esses direitos como fundamentais.

No entanto, também se percebe que, a efetivação dos direitos em normas escritas não necessariamente deu aos cidadãos a garantia deles, pois, até os dias atuais, observa-se que os homens são usados a partir desses princípios. Afinal, a igualdade, a liberdade e a fraternidade avançam em passos lentos em um mundo que ainda é controlado por poucos e não pela nação, como deveria ser. É nesse contexto em que o *slogan* utilizado pela Revolução Francesa apresenta o seu caráter de ser apenas uma falácia.

Referências

BRASIL. Constituição da República Federativa do Brasil de 1988. Disponível em: http://www.planalto.gov.br/ccivil_03/constituicao/constituicao.htm. Acesso em 05 de junho de 2019.

HOBSBAWM, Eric J. **A era das revoluções**.

LENIN, Vladimir Ilyich. **Como iludir o povo com os *slogans* de liberdade e igualdade**. (Tradução: Roberto Goldkorn). São Paulo (SP): Global Editora e Distribuidora Ltda, 1979.

ROQUE, Sebastião José. **História do direito**. São Paulo (SP): Ícone, 2007. (Coleção elementos do direito).

SIEYÈS, Emmanuel Joseph. **A constituinte burguesa**. (Título original: *Qu' est-ce que le Tiers État*. Tradução: Norma Azeredo. Coleção Estudos Políticos Constitucionais). 2ª tir. Rio de Janeiro (RJ): Liber Juris, 1988.

VOVELLE, Michel. **A revolução francesa explicada a minha neta**. (Título original: *La Révolution Française expliquée à ma petite-fille*. Tradução: Fernado Santos.) São Paulo: Editora Unesp, 2007.

www.ingramcontent.com/pod-product-compliance
Lightning Source LLC
Chambersburg PA
CBHW020440220526
45464CB00002B/791